创新型师范及学前教育专业精品教材

幼儿教师

一日工作行为规范

王 珏 主审

陈 华 高晓东 主编

教·学
资 源

首都师范大学出版社
CAPITAL NORMAL UNIVERSITY PRESS

图书在版编目（CIP）数据

幼儿教师一日工作行为规范 / 陈华，高晓东主编.
北京：首都师范大学出版社，2024. 7. -- ISBN 978-7
-5656-8520-0

Ⅰ. G615

中国国家版本馆 CIP 数据核字第 20241B1X02 号

YOU'ER JIAOSHI YIRI GONGZUO XINGWEI GUIFAN

幼儿教师一日工作行为规范

陈　华　高晓东　主编

责任编辑　王兰玉
首都师范大学出版社出版发行
地　址　北京西三环北路 105 号
邮　编　100048
电　话　68418523（总编室）　68982468（发行部）
网　址　http://cnupn.cnu.edu.cn
印　刷　三河市祥达印刷包装有限公司
经　销　全国新华书店
版　次　2024 年 7 月第 1 版
印　次　2024 年 7 月第 1 次印刷
开　本　787 mm×1092 mm　1/16
印　张　8.75
字　数　202 千
定　价　39.80 元

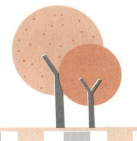

前言

少年儿童是祖国的希望，民族的未来。幼有所育，让每一名少年儿童都能伴随时代的脚步茁壮成长，是全党全社会共同的心愿。

幼儿时期是个体成长的关键阶段，这一阶段的教育直接影响着幼儿良好生活态度、学习习惯、行为品质的养成。幼儿教师作为学前教育的主要实施者，以及幼儿成长发展的重要引路人，必须具备较高的专业素质，自觉遵守教师职业行为规范。《幼儿园教师专业标准（试行）》明确提出，幼儿教师是履行幼儿园教育教学工作职责的专业人员，需要经过严格的培养与培训，具有良好的职业道德，掌握系统的专业知识和专业技能。

基于此，我们组织多位学前教育专业的一线教师共同编写了《幼儿教师一日工作行为规范》。本书是四川省教育厅 2022—2024 年职业教育人才培养和教育教学改革研究项目（"双主体育人，双导师引领"——学前教育专业"现代学徒制"办学模式探索与实践，项目编号为 GZJG2022-308）的成果，旨在帮助学生更全面地了解幼儿教师的一日工作内容，掌握开展幼儿园一日活动的具体流程和专业方法，以便其更好地适应未来的职业需求。

总体来讲，本书具有以下特色。

立德树人，润物无声

党的二十大报告指出："育人的根本在于立德。"本书有机融入党的二十大精神，积极贯彻"价值塑造、能力培养、知识传授"三位一体的育人理念，落实立德树人的根本任务，力求把学生培养成为德才兼备、全面发展的人才。

例如，本书的综合评价模块摒弃了传统的以分数为标准的评价方式，采用更加全面、多元的评价体系。在这一体系中，素质培养被提升到了与知识学习、技能掌握同等重要的位置，成为评价学生能力的重要指标。这种评价方式不仅体现了先进的教育理念，还满足了新时代对培养高素质幼儿教师队伍的迫切需求。

校企合作，职业引领

本书是在众多幼儿园一线教师的指导与支持下编写的，其内容安排与体例设计根据教学大纲的要求、教师教学的需求和学生的实际水平"量身定做"，极具实用性和指导性。例如，本书"案例聚焦"中的诸多案例均取材于现实生活，有助于学生代入幼儿教师的角色，切身体会幼儿教师的一日工作内容，以及幼儿教师应具备的专业知识与职业素养，进而思考如何成为一名优秀的幼儿教师。

此外，本书所有视频，均由四川绵阳海天师雨幼教管理有限公司的师生实地拍摄，既生动又富有示范性。

理念创新，盘活课堂

本书切实践行"以学生为主体，以教师为主导，以能力为根本"的教育理念，着力提升教材的系统性、实用性和指导性，力求让学生"弄懂、学通、做实"。

从内容上看，本书以教育部印发的《幼儿园教师专业标准（试行）》为参考，详细介绍了幼儿教师应掌握的一日工作行为规范。从结构上看，本书的每个项目以"整体感知—贯通学习—学以致用"的逻辑设置六大模块，各模块的内容及作用如下。

- **任务概览——事事有条理**。此模块包括各个活动环节的幼儿教师工作流程图和教育要点。幼儿教师工作流程图根据幼儿园各个活动环节的操作流程，以及幼儿教师的具体工作内容编写。教育要点是以《幼儿园教育指导纲要（试行）》《3～6岁儿童学习与发展指南》等权威资料为依据编写的。此模块具有较高的实用性和科学性。

- **任务准备——细心筹备足**。此模块详细介绍了幼儿教师应如何做好各个活动环节实施前的准备工作，旨在让学生意识到"谋定而后动"的重要性。

- **任务实施——融会贯通学**。此模块按照"必需、够用"的原则系统讲解了幼儿园各个活动环节的组织与实施流程，突出实践性和可操作性，旨在培养学生的实际操作能力。

- **案例聚焦——学思用相长**。此模块以真实生动的案例向学生展示了幼儿教师在组织幼儿园一日活动时有可能遇到的问题和挑战。此模块共设置两个案例，大多取材于现实生活，对学生具有较强的启发性和指导性。

- **拓展训练——知信行合一**。此模块以实践活动的形式呈现，要求学生采用多种方式完成各个活动环节的模拟练习任务，旨在培养学生的专业技能，提升学生的综合素养。

- **综合评价——更上一层楼**。此模块从理论知识的学习情况、操作技能的掌握情况以及素养目标的达成情况三个方面评价学生的学习成效，旨在让学生获得全方位的反馈，进而有针对性地提升自己。

　　此外，本书还在"任务准备"和"任务实施"两个模块中设置了"操作要点""幼有善育""教学笔记""提示"等学习栏目。"操作要点"栏目将难懂、复杂的内容提炼成关键词，方便学生记忆；"幼有善育"栏目介绍各个活动环节的随机教育内容，便于学生把握幼儿教师开展随机教育的方法；"教学笔记"栏目是正文知识点的拓展与延伸，有助于学生掌握幼儿教师开展一日活动的实用方法；"提示"栏目介绍各个活动环节的注意事项，便于学生深入把握幼儿教师的工作要点。

配套资源，立体教学

　　本书配有丰富的数字资源，学生可以借助手机或其他移动设备扫描书中的二维码观看微课视频，也可登录文旌综合教育平台"文旌课堂"查看和下载本书配套资源，如教学课件等。学生在学习过程中有任何疑问，都可以登录该平台寻求帮助。

　　本书由王珏担任主审，陈华、高晓东担任主编，张秋菊、侯超琼、蒋春、郑朝辉担任副主编，嘉芯、张玉柔、王倩文、顾海燕、何娇、黄晓静、刘影、杨鹏飞、罗钰玲参与编写。本书在编写过程中参考了大量的资料并引用了部分文章和图片，这些引用的资料大部分已获授权。但由于部分资料来自网络，我们未能确认出处，也暂时无法联系到原作者，对此，我们深表歉意，并欢迎原作者随时与我们联系，我们将按规定支付酬劳。此外，本书没有注明资料来源的案例均为编者自编。由于编者水平有限，书中难免存在疏漏或不当之处，恳请广大读者批评指正。

🔍 | **本书配套资源下载网址和联系方式**

🌐 **网址：** https://www.wenjingketang.com
📞 **电话：** 400-117-9835
✉ **邮箱：** book@wenjingketang.com

CONTENTS

目 录

1 项目一　入园环节教师工作行为规范／1

模块一　任务概览——事事有条理／2
　入园环节流程图／2
　入园环节教育要点／2
模块二　任务准备——细心筹备足／3
　检查仪容仪表／3
　准备入园用品／3
　检查园内环境／4
　等待幼儿入园／6
模块三　任务实施——融会贯通学／7
　完成晨间接待／7

　进行晨间检查／9
　度过过渡环节／13
模块四　案例聚焦——学思用相长／14
　案例一：凶猛的"变形金刚"／14
　案例二：幼儿被超剂量喂药事件／15
模块五　拓展训练——知信行合一／16
　情景演绎——模拟入园环节的教师
　　　　　　行为／16
模块六　综合评价——更上一层楼／17

2 项目二　早操环节教师工作行为规范／18

模块一　任务概览——事事有条理／19
　早操环节流程图／19
　早操环节教育要点／19
模块二　任务准备——细心筹备足／20
　确定早操内容／20
　准备活动器械／21
　排查安全隐患／21
　组织幼儿排队／22
　准备保育用品／23

模块三　任务实施——融会贯通学／25
　开展早操活动／26
　做好后续工作／29
模块四　案例聚焦——学思用相长／31
　案例一：好朋友之间的"战争"／31
　案例二：抢点大战／32
模块五　拓展训练——知信行合一／33
　技能闯关——看看谁的行为最规范／33
模块六　综合评价——更上一层楼／34

3 项目三　如厕环节教师工作行为规范 / 35

模块一　任务概览——事事有条理 / 36
　　如厕环节流程图 / 36
　　如厕环节教育要点 / 36
模块二　任务准备——细心筹备足 / 37
　　检查如厕环境 / 37
　　准备如厕用品 / 38
　　组织幼儿排队 / 38
模块三　任务实施——融会贯通学 / 39
　　引导幼儿文明、有序如厕 / 39

　　做好卫生间的清理工作 / 43
模块四　案例聚焦——学思用相长 / 46
　　案例一：幼儿园转园风波 / 46
　　案例二：争抢小马桶之战 / 47
模块五　拓展训练——知信行合一 / 48
　　制作微课——如厕工作知多少 / 48
模块六　综合评价——更上一层楼 / 49

4 项目四　洗手环节教师工作行为规范 / 50

模块一　任务概览——事事有条理 / 51
　　洗手环节流程图 / 51
　　洗手环节教育要点 / 51
模块二　任务准备——细心筹备足 / 52
　　对盥洗间进行安全排查 / 52
　　准备洗手用品 / 52
　　组织幼儿排队 / 53
模块三　任务实施——融会贯通学 / 54
　　指导、协助幼儿洗手 / 54

　　开展洗手活动结束后的工作 / 58
模块四　案例聚焦——学思用相长 / 60
　　案例一：会"吃手"的水龙头 / 60
　　案例二：一摊积水引发的安全事件 / 61
模块五　拓展训练——知信行合一 / 62
　　角色扮演——幼儿园洗手小剧场 / 62
模块六　综合评价——更上一层楼 / 63

5 项目五　喝水环节教师工作行为规范 / 64

模块一　任务概览——事事有条理 / 65
　　喝水环节流程图 / 65
　　喝水环节教育要点 / 65
模块二　任务准备——细心筹备足 / 66
　　为幼儿备水 / 66
　　整理水杯 / 66

　　组织幼儿排队 / 67
　　为幼儿倒水 / 67
模块三　任务实施——融会贯通学 / 68
　　组织幼儿喝水 / 68
　　开展喝水后的工作 / 70

模块四　案例聚焦——学思用相长 / 73
案例一：滚烫的开水烫伤幼儿 / 73
案例二：适当水温保安全 / 74

模块五　拓展训练——知信行合一 / 75
实地观摩——幼儿教师初体验 / 75

模块六　综合评价——更上一层楼 / 76

6　项目六　餐点环节教师工作行为规范 / 77

模块一　任务概览——事事有条理 / 78
餐点环节流程图 / 78
餐点环节教育要点 / 79

模块二　任务准备——细心筹备足 / 80
对餐桌进行消毒 / 80
做好卫生防护工作 / 80
领取餐点和餐具 / 81
检查餐点 / 81
分餐 / 82

模块三　任务实施——融会贯通学 / 83
开展餐前活动 / 83

组织幼儿进餐 / 84
开展餐后活动 / 87
做好清洁工作 / 88

模块四　案例聚焦——学思用相长 / 90
案例一：小小肉丸，险酿大祸 / 90
案例二：健脑的核桃也有伤人的
　　　　一面 / 91

模块五　拓展训练——知信行合一 / 92
技能大赛——"守护幼儿健康，我们
　　　　在行动"情景演绎 / 92

模块六　综合评价——更上一层楼 / 93

7　项目七　午休环节教师工作行为规范 / 94

模块一　任务概览——事事有条理 / 95
午休环节流程图 / 95
午休环节教育要点 / 95

模块二　任务准备——细心筹备足 / 96
组织幼儿如厕 / 96
为有需要的幼儿喂药 / 96
营造舒适的睡眠环境 / 96
进行午间检查 / 97

模块三　任务实施——融会贯通学 / 99
组织幼儿午休 / 99

做好午休管理工作 / 102
组织幼儿起床 / 105
做好起床后的工作 / 108
度过过渡环节 / 109

模块四　案例聚焦——学思用相长 / 110
案例一：口袋里的"小宝贝" / 110
案例二：午睡时的惊险一幕 / 111

模块五　拓展训练——知信行合一 / 112
视频录制——午休环节情景演绎 / 112

模块六　综合评价——更上一层楼 / 113

8 项目八　离园环节教师工作行为规范／114

模块一　任务概览——事事有条理／115
离园环节流程图／115
离园环节教育要点／115

模块二　任务准备——细心筹备足／116
组织幼儿如厕／116
准备离园物品／116
指导幼儿整理物品／116
开展离园检查／116
开展离园前活动／118

模块三　任务实施——融会贯通学／120
组织幼儿和家长离园／120
做好离园后工作／121

模块四　案例聚焦——学思用相长／123
案例一：小小吹风机威力大／123
案例二："放学了，我自己回家"／124

模块五　拓展训练——知信行合一／125
手册制作——离园环节之我见／125

模块六　综合评价——更上一层楼／126

参考文献／127

项目一

入园环节教师工作行为规范

　　入园是幼儿在园一日活动的开始，迎接幼儿入园是教师一天工作的开始。一个温馨、有序的入园氛围不仅可以让幼儿感受到教师的关爱和接纳，确保幼儿快乐入园、安全入园，还可以让教师对幼儿当天的身体状况和情绪状态有一个初步的了解，从而为接下来的教育和保育工作做好准备。

　　此外，在做好入园环节各项工作的同时，教师还要充分挖掘和利用入园环节所蕴含的教育契机，并根据幼儿的身心发展特点和规律，为其创设恰当的学习机会，使其在入园环节获得成长。

模块一 任务概览——事事有条理

❀ 入园环节流程图

第一步：做好入园准备工作 ⇨
- （1）检查仪容仪表。
- （2）准备入园用品。
- （3）检查园内环境。
- （4）等待幼儿入园。

第二步：完成晨间接待 ⇨
- （1）与幼儿和家长打招呼。
- （2）向幼儿和家长问好。
- （3）疏导幼儿的负面情绪。

第三步：进行晨间检查 ⇨
一摸、二看、三问、四查、五记录。

第四步：度过过渡环节 ⇨
- （1）协助幼儿整理个人物品。
- （2）组织幼儿开展过渡环节活动。
- （3）引导中大班的幼儿协助教师值日。

❀ 入园环节教育要点

1. 引导幼儿主动跟同伴或教师打招呼、问好，跟家长说再见。

2. 为幼儿营造轻松的入园氛围，促使幼儿愉快入园，让幼儿喜欢幼儿园、愿意上幼儿园。

3. 在晨间检查时，引导幼儿用语言表达自己的个人情况，以培养幼儿的语言表达能力，如当发现幼儿身体不舒服时，让幼儿主动描述自己的具体感受。

4. 指导幼儿整理个人物品，引导幼儿独自将个人物品放在指定位置。

5. 为幼儿提供劳动的机会，如引导幼儿帮助教师整理物品、给植物浇水等，让幼儿在劳动中获得成就感。

模块二 任务准备——细心筹备足

检查仪容仪表

在幼儿入园前，教师要检查自身的面容、发型、着装、配饰等，确保自身仪容得体，仪表端庄。教师仪容仪表规范和要求如表1-1所示。

表1-1 教师仪容仪表规范和要求

项目	规范和要求
面容	面部干净，不化浓妆
发型	头发干净、整洁，发色自然，发型不宜夸张或复杂；如果是长发，应盘起来或扎起来
着装	服装干净、整洁、得体；着工装，或者其他舒适方便的服装，不穿奇装异服；穿着舒适、安全的鞋子，不穿拖鞋，尽量避免穿高跟鞋
配饰	手指、手腕、脖子、耳朵等处佩戴的饰品要简单大方，不要过多；避免佩戴奇形怪状的饰品，以及有可能威胁幼儿人身安全的饰品

准备入园用品

主班教师要提前准备好接待幼儿和家长时使用的储物筐、《晨间检查记录表》、笔等，并将其整齐地放置于接待处的桌面上；配班教师应根据当天的教学日志准备过渡环节所需物品，如积木（见图1-1）、故事书等；保育员要准备好消毒工具，以便开展入园前的消毒工作。

图1-1 积木

检查园内环境

检查窗户和桌子

在幼儿入园前，三位教师要对园内环境进行全面检查，确保幼儿有一个安全、卫生的活动环境。检查园内环境通常包括开窗通风、安全检查、卫生消毒三项工作。

一 开窗通风

开窗通风是预防疾病传播的有效途径。在幼儿入园前，保育员应提前到达教室，开窗通风，保持室内空气流通。

二 安全检查

安全检查工作通常由主班教师和配班教师分工完成，具体需要检查的项目及规范动作如表1-2所示。

操作要点

安全检查关键词：
天花板、门窗、桌椅、插线板

表1-2　安全检查项目及规范动作

项目	规范动作
天花板	教师站在教室中间，头部轻轻上仰，按顺时针方向环视一周，查看天花板有无异常情况
门窗	教师捏住门或窗的边缘，轻拉门或窗，检查门或窗是否有损坏，是否有脱落迹象
桌子	① 教师双手平放于桌面，轻摇桌子，查看其是否稳固；② 教师依次检查桌子的四角，查看有无危险因素，如钉子；③ 教师用手沿桌子边缘滑动一周，查看有无危险因素；④ 教师依次检查所有桌腿，查看有无危险因素
椅子	教师先一只手扶椅背，另一只手扶座椅边缘，轻摇椅子，查看其是否稳固，如图1-2所示；再用惯用手沿椅子边缘滑动一周，查看有无危险因素
插线板	教师查看插线板有无破损，是否放置于幼儿触摸不到的安全地方

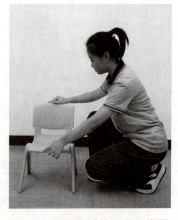

图1-2　教师查看椅子是否稳固

三 卫生消毒

卫生消毒工作通常由保育员完成。卫生消毒的项目和方法如表 1-3 所示。

对桌子和门进行消毒

表 1-3 卫生消毒的项目和方法

项目	消毒方法
桌子	（1）保育员双手捏住毛巾同边两角，先上下对折，再左右对折，将毛巾叠成小方块 （2）保育员一只手拿毛巾，另一只手拿消毒喷壶，使壶身向下倾斜45°，壶嘴离桌面20厘米左右，做好桌面消毒准备，如图 1-3 所示 （3）保育员先将消毒水均匀地喷洒在桌面四角及中心处，然后用毛巾按照从左至右的顺序纵向擦拭桌面，接着用毛巾沿桌子边缘包边擦拭一周 （4）桌子整体擦拭干净后，保育员用干净的毛巾再次擦拭
椅子	（1）保育员将消毒水均匀地喷洒在椅背、椅座的中心处 （2）保育员用毛巾按照从左至右的顺序纵向擦拭椅背和椅座 （3）保育员用干净的毛巾沿椅背、椅座边缘擦拭一周
窗户	（1）保育员将消毒水均匀地喷洒在窗面上 （2）保育员用玻璃清洁刷（见图 1-4）按照从左至右的顺序纵向擦拭窗面 （3）保育员用干净的玻璃清洁刷将窗户擦拭干净
门	（1）保育员立于距离门正面约20厘米处，将消毒水均匀地喷洒在门正面的四角及中心处 （2）保育员用毛巾按照从左至右的顺序纵向擦拭门正面，然后将毛巾翻面，擦拭门框 （3）保育员用干净的毛巾再次擦拭门正面及门框 门背面消毒方法同门正面

在卫生消毒的过程中，保育员应及时对毛巾进行涮洗，以保证清洁效果。此外，保育员要对教室内所有的桌子、椅子、窗户和门进行消毒。

图 1-3 桌面消毒准备动作

图 1-4 玻璃清洁刷

等待幼儿入园

上述工作完成后，主班教师和配班教师须提前到达指定位置，面朝幼儿来园的方向站立，准备迎接幼儿和家长。等待时，教师要面带微笑，双手虎口交叉，大拇指内收于掌心，其余四指自然并拢，手掌轻贴于小腹肚脐处，手肘轻贴于腰间，挺胸收腹，双脚呈"V"形（双脚分开45°）站立，如图1-5所示。

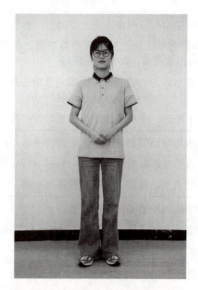

图1-5　教师等待幼儿和家长入园

入园准备工作中的常用规范语

- ×××老师，请对教室进行安全检查。
- ×××老师，请准备好迎接幼儿和家长。

模块三　任务实施——融会贯通学

教师分工

各司其职

主班教师	配班教师	保育员
• 提前到达接待地点，等待幼儿和家长来园。	• 配合主班教师做好接待工作，包括等待幼儿和家长来园、向幼儿和家长问好等。	• 协助幼儿整理个人物品。
• 用规范的语言、动作迎接幼儿和家长。	• 配合主班教师为幼儿营造愉快的入园氛围。	• 和其他教师一起为幼儿营造愉快的入园氛围。
• 为幼儿营造愉快的入园氛围。	• 用正确的方法安抚有负面情绪的幼儿，使幼儿开心入园。	• 引导中大班的幼儿协助教师做值日，如照顾植物等。
• 用正确的方法安抚有负面情绪的幼儿，使幼儿开心入园。	• 配合主班教师组织过渡环节的放松活动。	• 配合主班教师组织过渡环节的放松活动。
• 对幼儿进行晨间检查。	• 对幼儿进行随机教育。	• 对幼儿进行随机教育。
• 引导幼儿跟家长告别。		
• 组织过渡环节的放松活动。		
• 对幼儿进行随机教育。		

完成晨间接待

　　通常，晨间接待工作由主班教师和配班教师负责。两位教师不仅要用正确的方式接待幼儿和家长，还要努力为幼儿营造温馨的入园氛围，促使幼儿快乐入园。晨间接待的工作内容通常包括打招呼、问好、疏导幼儿的负面情绪三项。

> **操作要点**
>
> 晨间接待关键词：
> 打招呼、问好、疏导情绪

一　与幼儿和家长打招呼

　　教师看到幼儿和家长到来后，应与幼儿和家长打招呼：伸出惯用手，手心向前，手指自然并拢，手臂自然弯曲，手掌与肩同高，左右轻轻挥动，如图1-6所示。

打招呼时，教师要注意以下几点：① 面带微笑；② 手掌不要高于头顶或低于腰间；③ 手掌和手臂左右挥动的幅度不要过大。

图 1-6　教师向幼儿和家长打招呼

二　向幼儿和家长问好

打招呼的同时，教师还应主动向幼儿和家长问好，并注意使用热情洋溢的语言和充满亲和力的表情，或者采用富有创意的问候方式，以引导幼儿主动回应教师。若遇到幼儿不愿意问好的情形，教师可以邀请其他幼儿为其做示范，然后鼓励幼儿模仿，并及时表扬幼儿。

三　疏导幼儿的负面情绪

当发现幼儿不愿意入园时，教师要及时采用有效的方式稳定幼儿的情绪，让幼儿开心起来，愉快入园。不愿意入园的情况在小班幼儿中较为常见，教师通常可以采用以下方式疏导幼儿的负面情绪：① 经幼儿同意后，抱一抱幼儿并轻声安抚；② 借幼儿喜欢的动画片和幼儿交流，如"你今天是花仙子，还要去找'七色花'呢，现在还不能离开幼儿园哦"；③ 为幼儿提供一些趣味玩具；④ 和幼儿聊他们感兴趣的话题，以转移其注意力。

晨间接待时的常用规范语

- ×××小朋友，早上好。你今天看起来真精神！
- ×××妈妈/爸爸，早上好！
- ×××小朋友，欢迎来到幼儿园！
- ×××早上好！你今天看起来真开心，有什么开心的事情要和我分享吗？
- ×××小朋友，早上好！哇！你今天自己背着书包来幼儿园的呀，真棒！

进行晨间检查

晨间接待结束后，主班教师需要对幼儿进行晨间检查，以确保幼儿安全入园。

一　摸

"摸"是指教师用手感知幼儿体温。

教师面向幼儿，在距其约 10 厘米处单膝蹲下，伸出惯用手，五指并拢，手心朝向自己，手背轻贴幼儿额头，以感知幼儿的额头温度，如图 1-7 所示。

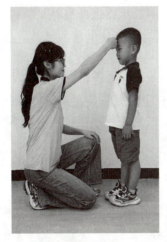

图 1-7　教师用手感知幼儿体温

二　看

"看"是指教师查看幼儿的精神状态、眼睛、面部和颈部、嘴巴、手部等，具体查看项目如表 1-4 所示。若发现异常情况，教师应及时告知家长。

表 1-4　"二看"项目

项目	查看内容
精神状态	通常查看幼儿的表情、面色、情绪等，以判断其精神状态是否良好
眼睛	是否流泪，有无红肿现象，有无分泌物
面部和颈部	面部有无红疹、擦伤、瘀青、疤痕等；颈部的淋巴结有无异常（如肿大）
嘴巴	检查幼儿的口腔、舌头、咽部，查看有无异常（如溃疡、疱疹），以判断其有无患疾病或传染病的迹象
手部	查看幼儿手心、手背有无红点、疱疹等，如图 1-8 所示

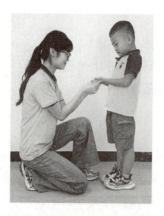

图 1-8　教师检查幼儿手部

"问"是指教师向家长询问幼儿的情况，如图 1-9 所示。询问时，教师应注意以下几点：① 站姿要端正；② 目光要平视家长；③ 与家长交流的语气要自然。

图 1-9　教师向家长询问幼儿的情况

通常，教师"问"的内容包括以下几项：① 幼儿前一天在家的生活情况，即饮食、睡眠、如厕等情况有无异常；② 幼儿的健康情况，即有无疾病或传染病（如感冒、手足口病），以及幼儿家庭成员的健康情况；③ 在园期间是否需要服药，若需要，要详细询问服药注意事项（如时间、用量）；④ 是否携带危险物品，教师要注意为家长举例说明，让家长了解哪类物品属于危险物品，如小刀、玩具枪、玻璃片、弹珠等；⑤ 有无需要特殊说明的情况，如当日需要多喝水。

应注意的是，若幼儿当日需要服药，教师在询问后要妥善接收幼儿的药品，并存放在相应位置。

"查"是指教师检查幼儿是否随身携带危险物品，具体步骤如下。

首先，征得家长同意后，检查幼儿衣服的口袋，确保无危险物品。

其次，检查幼儿书包，如图 1-10 所示。教师先轻轻地从幼儿身上取下书包，然后拉开书包拉链，查看书包内有无危险物品。

最后，引导幼儿跟家长告别，如图 1-11 所示。告别后，教师将书包双手递给幼儿，并鼓励幼儿独自进入教室，存放书包。

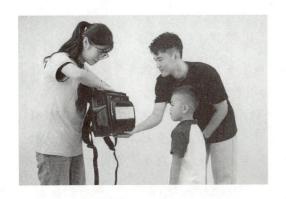

图 1-10　教师检查幼儿书包　　　　　　图 1-11　教师引导幼儿跟家长告别

五　记录

"记录"是指教师将在晨间检查中发现的幼儿的异常情况填在《晨间检查记录表》中。异常情况通常包括幼儿的生病情况、服药说明、当日饮食禁忌、家长的特殊要求等。若一切正常，则标注"无异常情况"。

完成记录工作后，主班教师可为幼儿发放相应的晨检卡，并引导幼儿将晨检卡交给配班教师。配班教师将每位幼儿的晨检卡放在晨检卡挂牌（见图 1-12）里，以便其他教师了解幼儿情况，并对需要重点关注的幼儿进行特殊照顾。

图 1-12　晨检卡挂牌

一般来说，绿色晨检卡代表健康；黄色晨检卡代表幼儿存在需要关注的情况，如入园情绪不佳、需要多喝水、有咳嗽的情况、有饮食禁忌等；红色晨检卡代表幼儿身体欠佳，需要按服药说明服药。

幼 有 善育

入园环节的随机教育

在入园环节，教师要根据幼儿的身心发展需要，充分挖掘教育契机，对幼儿进行随机教育。通常，教师可以从以下几个方面入手开展随机教育。

（1）教师要有意识地利用入园环节引导幼儿养成良好的礼仪习惯，如及时提醒幼儿和其他小朋友打招呼、问好，引导幼儿有礼貌地跟家长告别，等等。另外，教师还要细心观察幼儿在入园环节的行为表现，如果发现幼儿存在不恰当的行为，要及时予以纠正。

（2）在晨间检查时，教师要引导幼儿主动描述自己的感受，以培养其语言表达能力。例如，当发现幼儿不舒服时，教师不仅要仔细询问幼儿，还要引导幼儿详细描述自己的感受，如"我感觉头这里不舒服""我感觉肚子不舒服"等。

（3）教师要注意培养幼儿与同伴交流的能力。在入园环节，教师可以引导在同一时间段抵达幼儿园的幼儿手拉手结伴入园。此外，教师还可以利用入园环节培养幼儿互帮互助的亲社会行为，如让情绪较好的幼儿安慰不愿意入园的幼儿。

（4）教师要注意寻找合适的机会引导幼儿进行自我服务。例如，发现幼儿自己背书包时立刻赞美幼儿，并告诉其他幼儿要向其学习。

除了对幼儿进行随机教育外，教师也要利用好入园环节的家校沟通机会，引导家长和园方一起做好家园共育。教师应认真观察家长在入园环节的行为表现，并及时纠正家长不恰当的行为，如随意对待幼儿的告别行为、过于宠溺幼儿等。

晨间检查时的常用规范语

- ×××小朋友，你哪里不舒服吗？
- ×××小朋友，你怎么了？今天怎么不高兴呀？
- ×××妈妈，今天宝贝是哪里不舒服吗？
- ×××小朋友，跟妈妈/爸爸说"再见"吧！
- ×××妈妈/爸爸，再见！

度过过渡环节

　　过渡环节是指在幼儿园一日活动中，由一个活动转换到另一个活动的衔接部分。教师要根据下一个环节的具体内容，灵活运用多种方式让幼儿愉快、安全地度过过渡环节。

　　在晨间检查结束至下一个环节开始前的这一过渡环节，配班教师和保育员应先带领幼儿整理个人物品，如书包、水杯、毛巾、衣物等；然后，主班教师向幼儿传递下一个环节的准备信号，告知幼儿马上就要开始进入下一个环节了，以便幼儿做好心理准备。此外，若时间充足，三位教师可以带幼儿开展一些放松活动，如师生共读一个小故事。

　　幼儿整理好个人物品后，保育员还可以安排中大班的幼儿轮流做值日，如帮助教师整理物品、照顾植物等。值日结束后，保育员再将做值日的幼儿引至下一个活动区。安排幼儿做值日既能对幼儿进行劳动教育，又能帮助幼儿度过等待的时间。

合理安排过渡环节的方法

　　过渡环节是幼儿园一日活动的重要环节，教师应科学合理地安排过渡环节的放松活动，努力为幼儿营造轻松欢乐的过渡氛围，使幼儿轻松度过过渡环节。下面是两个帮助幼儿轻松度过过渡环节的方法。

　　（1）巧妙设计过渡信号。教师可为每个过渡环节设置便于幼儿记忆的固定信号，如清晰简洁的语言、有趣的动作、活泼的音乐等，这样既能活跃气氛，又能让幼儿记住过渡信号，为进入下一个环节做好准备。

　　（2）设计简单有趣的过渡游戏。过渡环节通常需要幼儿排队等待下一个活动的开展，在等待时，教师可带领幼儿开展简短有趣的小游戏，以帮助幼儿度过等待的时间，如手指游戏（一边唱歌一边变换手指造型）、用身体写数字游戏（教师念数字，幼儿摆出相应的身体姿势）、过独木桥（让幼儿假装自己在过桥）等。

模块四　案例聚焦——学思用相长

案例一：　凶猛的"变形金刚"

在自主游戏时间，小一班发生了一起意外事件，引起了幼儿园的高度重视。当时，几个小朋友焦急地呼喊主班教师刘老师，说文文的手掌流血了。刘老师正在抓拍幼儿活动的照片，听到呼喊后立刻赶了过去。刘老师看到文文的右手掌血流不止后，立刻做了简单的止血处理，并让配班教师齐老师通知园方。

幼儿园立即启动了应急预案，保健医生迅速对文文的伤口进行了消毒处理，血很快被止住了。随后，园领导又安排其他老师护送文文去医院做检查。医生检查后，认为文文的伤口面积不大，涂一些药膏等待自然痊愈即可，老师们这才放下心来。

这时，刘老师也从其他幼儿口中得知文文受伤的原因。原来，文文从家中带了一个小型变形金刚玩具。在自主游戏时间，文文将玩具拿出来玩耍，乐乐看到后也想玩，文文不同意，二人便开始相互争抢。在争抢时，文文的右手掌被玩具的锋利处划伤了。

了解了事情的经过后，刘老师联系文文家长，向其说明了文文受伤事件的来龙去脉，并告诉文文家长文文的伤口并无大碍，不用担心。但是，文文家长依然放心不下，很快便来到了幼儿园，并怒斥幼儿园老师没有责任心，没有照顾好孩子。刘老师立即承认了错误，并深感自责，责怪自己未能及时发现并制止幼儿的危险行为。园领导也表示会承担文文的医疗费用，并对受伤的文文及其家长表达了诚挚的歉意。

教学分析：

这是一起典型的因教师晨间检查不够仔细，以及在活动中对幼儿的行为关注不够而引发的安全事件。有些幼儿喜欢随身携带自己喜欢的玩具或其他物品，教师若不加以管控，及时排除安全隐患，则很容易引发安全事件。

教学反思：

晨间检查时，教师应对幼儿随身携带的物品进行全面排查。在排查过程中，若发现有禁止带入园的物品，教师应及时请家长带回家，并与家长做好沟通，提醒家长督促幼儿不带玩具及危险物品入园。此外，幼儿园要加强安全管理，完善应急预案，确保幼儿在园内的安全、健康。

案例二： 幼儿被超剂量喂药事件

晨晨因感冒需服药，奶奶送其上幼儿园时带了一瓶盐酸丙卡特罗口服溶液。在晨间检查时，晨晨奶奶嘱咐主班教师江老师当天下午要让晨晨服一次药，并告诉江老师需要喂晨晨喝 3.5 毫升的药。当时排队进行晨间检查的幼儿较多，江老师匆匆忙忙地在《晨间检查记录表》上记录了晨晨的服药时间和剂量，便让晨晨奶奶离开了。下午 5 点，晨晨妈妈接晨晨时发现其脸色不佳，便向江老师询问其服药情况。江老师请来保育员高老师，高老师确认自己严格按照记录信息给晨晨喂了药。随后，高老师拿出了晨晨的药品。晨晨妈妈发现早上还基本满瓶的盐酸丙卡特罗口服溶液只剩下半瓶了，当场质问高老师："这个药每次服用 3.5 毫升就好了，你怎么能让晨晨喝那么多呢？"江老师和高老师这才意识到晨晨可能服药过量了。高老师立刻和晨晨妈妈一起将晨晨送往医院。检查结果显示，晨晨心率异常高。晨晨被诊断为药物中毒，需立即洗胃，并住院观察、治疗。医生表示，幸亏晨晨及时入院救治，否则会有生命危险。

在晨晨洗胃过程中，晨晨妈妈打电话怒斥江老师失职，并要求幼儿园为此事负责。江老师立即找到《晨间检查记录表》，发现上面确实记录了"晨晨下午服药 35 毫升"，且有晨晨奶奶的签字。江老师进一步询问高老师，高老师表示，她在下午 4 点半给晨晨喂药时，也怀疑服药量过大，但还是按照记录表上的信息给晨晨喂了 35 毫升的药。

最终查明晨晨奶奶并没有记错服药剂量，是江老师在记录时将 3.5 毫升错写成了 35 毫升。晨晨妈妈十分愤怒，认为老师们缺乏常识和责任心。江老师和高老师感到十分自责，立即向晨晨妈妈承认了工作中的失误，并表示将改进工作方法。

教学分析：

在晨晨服药过量事件中，教师有不可推卸的责任。首先，江老师晨间检查时不认真，写错晨晨的服药剂量；其次，给晨晨喂药时，高老师已经对晨晨的服药剂量有所怀疑，但并没有确认，留下了安全隐患；最后，晨晨在离园时脸色不对，这表明晨晨离园前已经有身体不适的症状了，几位老师却未发现晨晨的异常情况。

教学反思：

晨间检查时，如果发现幼儿当日需要服药，教师要做好以下工作：① 针对幼儿情况对家长进行详细问询，认真登记服药信息，如果发现问题，必须当场向家长提出疑问；② 请家长提供病例、药品处方、书面服药委托书；③ 做好药品交接、登记、存放工作；④ 给幼儿喂药时，最好有两位教师在场，以便互相监督。

模块五 拓展训练——知信行合一

情景演绎——模拟入园环节的教师行为

一、训练目的

通过情景演绎深入了解入园流程，深刻体会入园环节的教师行为规范在实际中的应用，对入园环节的教育价值有更深刻的认识。

二、训练步骤

全班学生根据表 1-5 所列的步骤和相关内容完成此次训练活动。

表 1-5　拓展训练步骤表

步骤	内容
学生分组	全班学生每 3~4 人为一组，各组分别选出一位组长
活动前观摩	各组通过实地观察、访谈的方式进一步了解教师在入园环节的工作要点；分析各幼儿园入园环节的差异，并思考为什么会存在这些差异
情景设计	每组设计一个完整的入园情景，设计时要注意以下几点：① 入园准备可根据实际情况简化；② 角色至少包括教师、家长、幼儿三人；③ 可根据需要加入故事情节（如教师解决幼儿不愿意入园的情节）；④ 能够体现随机教育；⑤ 有创新意识，如和幼儿打招呼的方式较为新颖
道具准备	各组根据本组所设计的入园情景准备相关道具，并提前进行模拟演练
现场演绎	教师组织主题班会，各组轮流在班会上现场模拟入园环节的教师行为。模拟结束后，教师进行点评
活动总结	每位学生以书面形式总结自己在训练活动中的心得体会

模块六 综合评价——更上一层楼

本项目的学习已告一段落，请同学们按照表 1-6 中的评价项目和评价标准，以等级评定的方式对自己的学习情况进行评价，并请同伴（"拓展训练"活动中的组长）、教师对自己进行点评。等级评定标准如下："优秀"等级为五颗星，"良好"等级为四颗星，"有待提高"等级为三颗星。

表 1-6 考核评价表

评价项目	评价标准	评价等级		
		自己评	同伴评	教师评
知识学习	能够流畅地陈述入园环节的全部流程，以及每位教师的分工情况			
	能够举例说明入园环节的教育要点			
	能够简要概括入园环节准备工作的内容			
	能够简要介绍晨间接待的行为规范			
	能够简要概括晨间检查项目及检查标准			
技能掌握	能够独立分析"案例聚焦"中教师存在的不足之处，并提出科学的改进措施			
	在拓展训练中，能够结合所学知识设计情节合理、流程完善的入园情景			
	在拓展训练中，能够用行动表达自己对教师应如何做好入园环节工作的深刻认识			
素质培养	创新意识较强，能够根据幼儿的年龄特点设计新颖有趣的活动			
	能够关注学前教育的新理念、新业态、新技术，并将其应用在实践中			

项目二
早操环节教师工作行为规范

　　早操活动是幼儿园体育教育的重要内容。科学、合理地开展早操活动，不仅能使幼儿以更好的精神状态投入到一日活动中，还能使其养成锻炼身体的好习惯。

　　教师应根据不同年龄段幼儿的身心发展特点编排早操动作，并带领幼儿开展早操活动。同时，在组织开展早操活动时，教师应充分挖掘和利用其中所蕴含的教育契机，让幼儿既能感受到体育运动的快乐，又能有所收获、有所成长。

模块一　任务概览——事事有条理

早操环节流程图

| 第一步：做好早操准备工作 | ⇒ | （1）确定早操内容。
（2）准备活动器械。
（3）排查安全隐患。
（4）组织幼儿排队。
（5）准备保育用品。 |

| 第二步：开展早操活动 | ⇒ | （1）领操。
（2）引导幼儿积极参与早操活动。
（3）做好安全防护工作。
（4）按需为幼儿服务。
（5）妥善处理突发情况。 |

| 第三步：做好后续工作 | ⇒ | （1）收拾器械，并将其放到指定位置。
（2）进行场地清洁工作。
（3）清点幼儿人数，并组织幼儿有序离开早操场地。 |

早操环节教育要点

①　结合早操活动的内容对幼儿进行安全教育，培养幼儿的自我保护能力。

②　用饱满的情绪感染幼儿，激发幼儿参加体育活动的兴趣，让其感受到体育活动的快乐，引导其养成锻炼身体的习惯。

③　适时引导幼儿进行自我服务，如感到热时自己脱外套。

④　为幼儿准备多种身体活动材料，鼓励其选择自己喜欢的材料开展活动。

⑤　引导幼儿遵守早操纪律，如不乱跑、不干扰他人等。

⑥　引导幼儿表达自我需求，如对教师说"我想换干净的衣服"等。

模块二 任务准备——细心筹备足

确定早操内容

《3～6岁儿童学习与发展指南》中关于健康领域的教育建议是："开展丰富多样、适合幼儿年龄特点的各种身体活动。"

徒手操——小白兔

一般来说，在早操环节，小班的幼儿可开展模仿操、徒手操等身体活动，中大班的幼儿可开展徒手操、轻器械操等身体活动。每一种早操类型都有多种呈现形式，教师可根据幼儿的年龄特点、运动能力及兴趣为其编排适宜的早操动作。

通常，主班教师需要在前一天确定好第二天的早操内容，并提前做好准备，如熟记早操动作。此外，在节日来临之际，教师可以提前为幼儿创编一套具有庆祝意义的早操，并在节日前每天带幼儿练习。例如，在国庆节前带领幼儿跳轻器械操《祖国祖国我们爱你》，在六一儿童节前带领幼儿跳中华武术操，等等。

操作要点

早操前准备工作关键词：
定内容、备器械、保安全、
引入场、备用品

 **教 学 笔 记**

幼儿园早操的类型

幼儿园早操是一种体育活动形式，它是锻炼幼儿身体、增强幼儿体质的有效手段。幼儿园早操一般包括模仿操、徒手操、轻器械操三大类。

模仿操是指幼儿伴随节奏感强的儿歌，模仿人或动物的一些简单动作，如弯腰、挥手、跳、跑、转圈等，具有较强的游戏性和趣味性。

徒手操是指幼儿不拿任何器械，伴随音乐或教师口令做出各种动作，如韵律操、拍手操、中华武术操。

轻器械操是指幼儿手持彩旗、扇子、花棍、哑铃、篮球等轻器械开展的身体活动。日常生活中的常用物品也可以用作早操时的器械，如盒子、瓶子、各类袋子等。

准备活动器械

保育员要根据当日的早操内容为幼儿准备相应的活动器械，如轻器械操所需的花棍、哑铃（见图2-1）、篮球等。

准备好活动器械后，保育员应将其规整地摆放在合适的位置，以便幼儿听到领取或放回器械的口令后，有序领取或放回器械。

保育员准备活动器械时要注意以下两点：① 确保活动器械安全、卫生，对幼儿无害；② 根据幼儿数量准备活动器械（注意适当多准备几个，以应对突发情况，如幼儿做操时器械损坏）。

图 2-1　哑铃

排查安全隐患

在早操前，教师应提前对早操场地及幼儿的衣着进行全面检查，以消除安全隐患。

一　检查早操场地

幼儿园会根据天气情况确定早操场地。但无论在室内还是室外，各班级的保育员都应提前到达早操场地，检查早操场地是否存在安全隐患。

通常，保育员需要查看场地中是否存在危险物品（如石头、螺丝钉、小刀等坚硬、尖锐锋利的物品）、场内设施是否安全稳固。在室外开展早操活动时，保育员还要查看场地周围是否存在危险因素，如花盆摆放位置是否安全、场地四周的树枝有无折断掉落的风险等。此外，保育员还应查看幼儿前往早操场地的途中是否有危险因素，如地面是否平坦、有无障碍物、是否易滑倒等。

二　检查幼儿的衣着

在进入早操场地前，配班教师应按照从上至下的顺序，对幼儿的衣着进行细致的检查，检查规范和要求如表2-1所示。

表 2-1　幼儿衣着的检查规范和要求

项目	规范和要求
发饰	检查幼儿是否佩戴了尖锐锋利的发饰；若有，应及时取下并妥善保管
衣服	① 尽量不要让幼儿穿带有绳子的衣服，以免幼儿在运动时，因绳子甩到脖子上无法取下而导致窒息；② 确保幼儿衣服上无尖锐锋利的装饰品
鞋	查看幼儿的鞋是否舒适，是否便于运动，鞋带或粘扣是否有松动

若发现幼儿的衣着存在安全隐患，配班教师要及时设法消除隐患，同时对幼儿进行安全教育，告诉幼儿哪些物品、哪些行为是不安全的。此外，对于中大班的幼儿，配班教师还可以让幼儿们互相检查，互相提醒。

 提 示

对于身体不适或生病的幼儿，主班教师可根据情况安排其休息，并安排专人照看，不可让幼儿单独活动。此外，主班教师还应特别注意有特殊疾病或过敏史的幼儿，如心脏病、哮喘等，在早操过程中要给予特别关注。

组织幼儿排队

排查完安全隐患后，主班教师和配班教师应组织幼儿排队，以便其有序前往早操场地，如图 2-2 所示。在排队时，两位教师可以带领幼儿做简单的小游戏（如手指游戏），或者唱与早操相关的儿歌，以激发幼儿做早操的兴趣。

图 2-2　幼儿排队前往早操场地

排好队后，配班教师先清点幼儿人数。然后，主班教师和配班教师分别站在队伍前后，带领幼儿有序进入早操场地。在入场时，两位教师需密切关注每位幼儿的情况，一方面要关注幼儿之间有无矛盾，另一方面要关注幼儿能否自觉遵守排队礼仪，做到听从指挥，不随意插队，不擅自离队，不推搡他人。

幼有善育

如何教幼儿学会排队

排队是幼儿园规则教育的重要内容。教师引导幼儿学会排队，不仅能预防意外发生，还有助于培养其规则意识和社交能力。教师应灵活运用多种方式引导幼儿养成自主排队的良好习惯。以下是教导幼儿学会排队的方法和注意事项，可供教师参考。

（1）通过趣味故事让幼儿知道为什么要排队。教师可以为幼儿设计主题阅读课，带领幼儿阅读与排队有关的故事书，让幼儿明白什么是排队、为什么要排队、不排队会有什么危害等。

（2）用有趣的图标提示幼儿排队。教师可以在排队处设置有趣的图标，如小脚丫、大圆圈等，让幼儿看到这些图标就知道此处要排队。

（3）用趣味游戏激励幼儿自觉排队。例如，在组织幼儿排队前往早操场地时，教师可以组织幼儿开展"开火车""小鸭子排队下水"等趣味游戏，以吸引幼儿排队向前走。

（4）编制朗朗上口的排队口令。教师可以专门为幼儿设计简短易记、生动形象的排队口令，让幼儿一听到口令便知道到排队时间了，如"小朋友，排队走，你在前，我在后，不说话，不回头，老师夸我真优秀。""小小手，摆摆动；小小脚，踏起来；小胸脯，挺起来；一二一，一二一。"等。

（5）为幼儿寻找榜样。教师可以在日常生活中为幼儿寻找榜样，如其他懂得自觉排队的幼儿、警察叔叔、排队过马路的行人、排队等红灯的司机等，引导其向榜样学习。

（6）及时纠正幼儿的不良行为。在排队过程中，如果幼儿做出插队、擅自离队、推挤同伴等不良行为，教师既要及时纠正幼儿（要注意方式方法，不要吓到幼儿），又要让幼儿明白正确的做法是什么，如询问幼儿"你错在哪里啦？""那你接下来应该怎么做呢？"。

准备保育用品

保育员要提前为幼儿准备好保育用品，如擦汗毛巾、面巾纸、湿纸巾、花露水、酒精、棉签等，以便随时为有需要的幼儿服务。在幼儿排队进场时，保育员可携带保育用品随幼儿一起入场，并将其放在指定位置。

早操准备工作中的常用规范语

- 我们要去做早操了，请小朋友们排队吧！
- 请×××老师检查小朋友的衣着。
- 请各位小朋友帮你的好朋友检查一下鞋带。
- 请小朋友把围巾、手套取下来放进储物筐里。
- ×××小朋友，老师先帮你保管发卡，好吗？
- ×××小朋友，不要插队哦！
- 各位小朋友，我们今天模仿小鸭子排队吧？
- 请小朋友们把脚踩在地上的小脚丫上面，我们排队去做早操啦！

模块三 任务实施——融会贯通学

教师分工

各司其职

主班教师	配班教师	保育员
• 领操（精神饱满、动作规范）。	• 站在早操队伍后方，观察每位幼儿的做操情况，及时发现并协助主班教师处理突发情况。	• 接待迟到的幼儿，并带领其进入早操场地，请配班教师引导幼儿加入早操队伍。
• 关注幼儿安全，做好安全防护工作。	• 引导迟到的幼儿尽快融入集体，开始做操。	• 巡视场地，全方位观察幼儿的做操情况。
• 引导不愿意做操的幼儿积极参与早操活动。	• 鼓励不愿意做操的幼儿，想方设法激发其做操的积极性。	• 处理突发情况。
• 引导幼儿遵守做操规则，听从教师指挥。	• 引导幼儿遵守做操规则，观察并及时纠正幼儿在做操过程中的不良行为。	• 照看因特殊情况暂时离场的幼儿。
• 观察幼儿的做操情况，及时发现并处理突发情况。	• 早操结束后，引导幼儿自主归还器械、帮助保育员打扫早操场地等。	• 根据幼儿需求为其提供服务（如为幼儿增减衣物、擦汗、垫隔汗巾，带幼儿喝水，等等）。
• 早操结束后，引导幼儿自主归还器械、帮助保育员打扫早操场地等。	• 配合主班教师组织幼儿排队离开早操场地。	• 收拾早操器械，并将其放在指定位置。
• 组织幼儿排队离开早操场地。	• 对幼儿进行随机教育。	• 主班教师安排的其他工作。
• 对幼儿进行随机教育。		• 对幼儿进行随机教育。

开展早操活动

幼儿排队进入早操场地后，早操就开始了。主班教师、配班教师和保育员应按照分工做好本职工作，互相配合，为幼儿营造轻松愉快的早操氛围，让幼儿爱上早操，爱上体育。

具体来说，在做操时，三位教师应按照相应的行为规范做好以下几项工作。

一 领操

早操一般由主班教师和配班教师协同带领幼儿完成。两位教师应先组织幼儿找到自己的站位点，整齐地排好队伍。开始领操前，主班教师应站在队伍正前方约一米处，既要确保自己能够观察到所有幼儿的做操情况，又要确保所有幼儿都能看到领操动作。配班教师应站在队伍后面，以观察幼儿的做操情况，并及时处理突发情况。

在领操时，主班教师应面带微笑，动作规范、熟练、优美。同时，主班教师要注意观察幼儿的做操动作，及时提醒幼儿用正确的动作做操，如告诉幼儿"把小手举高一点哦，就像老师这样"。此外，主班教师要多鼓励、赞美幼儿，如"×××小朋友做得真好！"。

应注意的是，教师在带领幼儿做操时，应以锻炼幼儿身体，让幼儿爱上运动为主要目的，而不应过度要求幼儿动作规范、整齐划一，否则很容易挫伤幼儿做操的积极性，且不利于幼儿的个性化发展。

二 引导幼儿积极参与早操活动

在做操时，如果遇到幼儿不愿意做操、迟到等情况，三位教师要及时引导幼儿积极融入集体，认真做操。

1. 幼儿不愿意做操的情况

如果发现幼儿不愿意做操，甚至做出妨碍他人做操的行为，主班教师可以一边领操一边用语言提醒幼儿认真做操，如"×××小朋友，请跟着老师一起做操""×××小朋友，你刚刚做得很好，现在怎么不做啦"。

如果主班教师的语言引导无效，配班教师可以走到幼儿身边，把幼儿领到队伍外，询问幼儿为什么不愿意做操，检查幼儿是否有身体不舒服的情况。如果幼儿不愿意做操是因为对早操不感兴趣，配班教师应尽量引导幼儿返回队伍，如用趣味游戏或贴纸吸引幼儿；如果幼儿实在不愿意继续做操，配班教师不可强迫幼儿，可以让幼儿在旁边等待，同时要确保幼儿等待时的活动在自己的视线范围内。

2. 幼儿迟到的情况

有些幼儿园的早操在入园环节之后很快进行，这就会出现幼儿因迟到而无法按时参加早操的情况。遇到这种情况，保育员应先接待幼儿并对其进行晨间检查；然后将幼儿领至早操场地，再由配班教师引导幼儿进入早操队伍，参与早操活动。

三 做好安全防护工作

教师应树立"安全第一"的理念，在做操时做好安全防护工作，全方位保护幼儿。具体来说，主班教师和配班教师要做好以下三个方面的工作。

1. 重视热身运动

热身运动能够使幼儿身体温度升高，增加其肌肉的柔韧性和弹性，从而避免其在运动中出现肌肉拉伤和扭伤的情况。因此，开始做操前，主班教师应先带领幼儿做热身运动，而不能直接让幼儿做大幅度的身体活动。

2. 密切关注幼儿

在做操时，主班教师和配班教师要密切关注幼儿，如果发现幼儿可能面临安全风险，应立即停止做操动作，上前查看幼儿情况。例如，如果发现幼儿摔倒，教师要立刻上前查看幼儿情况，安抚其情绪，并检查其是否受伤。

3. 及时提醒与指导幼儿

幼儿不规范的做操动作既可能导致自己受伤，也可能致使他人受伤，如向上跳时因落地不稳而摔伤、扭伤，或撞倒他人等。因此，主班教师和配班教师要注意引导幼儿规范做操动作。当发现幼儿的动作不规范时，两位教师不仅要告知幼儿如何做出规范动作，还要让幼儿知道不规范的动作会给自己或他人带来危险。

应注意的是，教师在编排早操动作时，就应考虑动作的安全性，不要设计超出幼儿能力范围的早操动作。

幼有善育

早操环节的安全教育

在早操环节，教师应能够根据早操活动内容对幼儿进行安全教育，并有意识地培养幼儿的自我保护能力。

首先，正式做操前，教师要提醒幼儿注意以下事项：① 要注意保护自身安全，如当发现自己有可能被他人撞倒时，要学会躲避或用抱头蹲下的方式保护自己（教师要为幼儿做好示范，以便幼儿理解）；② 要避免给他人带来危险；③ 感到不舒服时要及时告诉老师；④ 不要随意离队。

其次，在做操过程中，教师要伺机教幼儿一些自我保护的方法。例如，若发现有幼儿向上跳时用力过猛，教师可先教幼儿如何正确发力，再借此机会告诉幼儿要注意安全；如果不小心摔倒了，要注意用双手撑地的方式保护自己。

四 按需为幼儿服务

主班教师和配班教师带领幼儿做操时，保育员应负责接待迟到的幼儿、照顾需要暂时离场的幼儿等。此外，保育员还要根据幼儿的需求，为其做好服务工作。具体来说，保育员需要做的工作有以下几项。

1. 来回巡视，回应需求

在做操期间，保育员应围绕早操场地来回巡视，及时回应有个别需求的幼儿，如带幼儿去卫生间、喝水等。

2. 为幼儿增减衣物、垫隔汗巾

在早操的放松环节，保育员可根据天气情况及幼儿的出汗量判断是否需要为幼儿增减衣物、垫隔汗巾。

保育员可以用观察、询问、手摸的方式逐一查看每位幼儿的出汗情况。另外，保育员在冬季用"手摸"的方式检查幼儿的出汗量时，应先将双手搓热。

应注意的是，对于小班的幼儿，保育员在协助其穿脱衣物的同时，还要利用此机会教幼儿自己穿脱衣物；对于中大班的幼儿，保育员可以要求其自己穿脱衣物，并将脱下的衣物放到储物筐内。

教 学 笔 记

垫隔汗巾的方法及应避免的情况

检查完出汗情况后，保育员应为有需求的幼儿垫隔汗巾，以预防幼儿感冒。垫隔汗巾的规范步骤如下。

（1）保育员请幼儿站在自己正前方，背对自己，师生间隔约20厘米。

（2）保育员单膝蹲下，取一条干净的擦汗毛巾，一只手轻轻拉开幼儿后背的衣服，另一只手轻轻为幼儿擦拭后背。擦拭完毕后，保育员将擦汗毛巾放到储物筐内。

（3）保育员取一条干净的隔汗巾，将其垫于幼儿的后背。衣领外露出的隔汗巾的长度应以5厘米左右为宜，垫于幼儿后背的部分应保持平整。

保育员为幼儿垫隔汗巾时，应避免出现以下情况：① 用力拉扯幼儿的衣服（见图2-3）；② 擦拭方向不规律；③ 衣领外未露出隔汗巾或露出的隔汗巾过长。

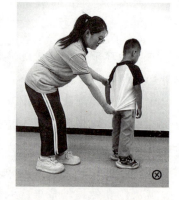
图2-3 用力拉扯幼儿的衣服

3. 为幼儿擦拭鼻涕

有些幼儿在早操环节会有擦拭鼻涕的需求，尤其在冬季。为幼儿擦拭鼻涕时，保育员应面向幼儿单膝蹲下，然后左手扶住幼儿的后脑勺，右手轻轻地为幼儿擦拭鼻涕。如有需要，保育员可将纸巾对折后再次为其擦拭。

对于中大班的幼儿，保育员在为其擦拭鼻涕时，可以一边做动作，一边用语言教幼儿如何擦拭鼻涕，以便幼儿学会自己擦拭鼻涕。

为幼儿擦拭鼻涕时，保育员要避免出现以下情况：① 擦拭力度过大；② 左右来回擦拭。

五　妥善处理突发情况

在做操时，幼儿很有可能出现各种突发情况，如哭闹、受伤、与他人发生冲突等。

通常，幼儿园会为教师制订应对突发情况的指导手册，教师务必提前学习，以便根据指导手册或实际情况妥善处理突发情况。

应注意的是，无论遇到何种突发情况，教师都应以幼儿为本，设身处地地从幼儿的角度出发考虑问题，关爱幼儿、呵护幼儿。

早操期间的常用规范语

- 小朋友们，跟着老师一起做哦。
- ×××小朋友，你这个动作做得很标准哦。
- ×××小朋友，你怎么啦？来，老师抱抱你。
- ×××小朋友，发生什么事情啦？
- 哦，原来是这样，×××小朋友，下次运动时要注意哦。
- ×××老师，×××小朋友要上厕所，请你带他去。
- ×××小朋友，今天怎么迟到啦？要注意早睡早起，快和大家一起做早操吧！
- ×××小朋友，老师帮你擦擦汗吧。
- ×××小朋友，你自己脱外套吧，老师相信你。

做好后续工作

早操结束后，主班教师和配班教师组织幼儿有序将器械交给保育员。在这一过程中，两位教师要伺机教育幼儿有序拿放器械，用完主动放回。

保育员要注意检查器械数量，确保器械如数归还。对于中大班的幼儿，保育员还要注意引导幼儿参与收拾早操场地的工作，如打扫早操场地、把器械放在指定位置等。

收拾好早操场地后，主班教师组织幼儿有序排队。配班教师清点幼儿人数，同时检查幼儿情绪是否愉悦、做操时有无受伤等。人数清点完毕后，主班教师在前，配班教师在中，保育员在后，三位教师组织幼儿有序进入下一个活动场地。在此期间，三位教师要及时提醒幼儿注意安全，如告诉幼儿"走得慢一点哦""走路时要小心哦"等。

 提 示

在实践中，各幼儿园的一日活动安排虽有所不同，但教师在设计与组织活动时都会遵循动静结合、劳逸结合的原则。按照这一原则，在早操活动结束后，教师可为幼儿安排一些安静、轻松的活动，给幼儿一个休息的时间，以便其精力充沛地进入下一个环节。

一般来说，在早操环节和下一个环节之间，教师可先带领幼儿开展生活类活动，如喝水、洗手等；再根据下一个环节的内容，提醒幼儿做好准备。例如，如果早操环节后是早餐环节，教师可对幼儿说："小朋友们，做完运动是不是饿了呀？我们要去吃早餐啦。"

 幼有善育

传统民间体育走进幼儿园

舞龙、舞狮、踩高跷、耍花棍、踢毽子、跳大绳……这是某幼儿园早操和户外运动的常见项目，小朋友们每天都充满期待地排队去操场，和老师一起开展这些充满乐趣的传统民间体育活动。

欢快的音乐响起后，小朋友们会和老师一起跟着旋律跳韵律操。大约20分钟后，老师会带着小朋友们开展体育运动。小朋友们先排队领取运动器械，然后在老师的指挥下舞狮、踩高跷、耍花棍、跳大绳……将传统民间体育活动融入幼儿园体育活动的举措，深受家长和小朋友们的喜爱。很多小朋友不仅爱上了运动，还爱上了传统民间体育活动。很多家长表示，孩子不仅喜欢在幼儿园开展这些运动，回到家后，还会主动教家长他们学会的动作，邀请家长一起运动。

传统民间体育活动具有浓烈的中国传统色彩和生活气息，简单易学、趣味性强，能满足不同年龄、性别和不同性格特点幼儿的需求。这些活动经过一代又一代人的传承和发展，已经成为中华优秀传统文化的重要组成部分，对幼儿园儿童的成长和发展具有重要价值。

教师在为幼儿编排早操、课间操等体育活动时，可适当融入传统民间体育活动，让幼儿在运动的过程中感受中华优秀传统文化的魅力，激励幼儿自觉传承中华优秀传统文化。

（资料来源：莫青文，《新鲜！传统民间体育走进幼儿园》，

《人民日报》，2018年4月10日，有改动）

模块四　案例聚焦——学思用相长

案例一：　好朋友之间的"战争"

早操时间临近，大一班的主班教师柳老师与配班教师江老师并肩走在队伍前方，正带领小朋友们前往早操场地。突然，队伍中传来"哇"的一声，瞬间吸引了所有老师和小朋友的注意。原来是贝贝哭了。柳老师连忙走过去，温柔地询问贝贝："贝贝，你怎么了？怎么哭了？"

贝贝边哭边指着身后的朵朵说："朵朵咬了我的肩膀。"柳老师闻言颇为惊讶，心想平时这两位小朋友关系那么好，怎么会发生这样的冲突呢。柳老师查看后发现，贝贝的右肩上确实有两排牙印，虽然没有破皮，但牙印明显。

柳老师立刻请江老师对贝贝的伤处进行冷敷处理，然后询问朵朵为何咬贝贝。朵朵也哭了起来，委屈地说道："贝贝不让我牵她的衣服，其他小朋友都可以牵，就我不行，我再也不和她玩了！"听完两位小朋友的叙述，柳老师终于明白了事情的来龙去脉。

随后，柳老师安抚了两位小朋友的情绪，告诉他们要友好相处。在两位老师的共同努力下，贝贝肩上的牙印逐渐消退，两位小朋友也重归于好。

当天离园时，柳老师向贝贝妈妈说明了这一情况。贝贝妈妈听后十分愤怒，大声质问道："你们老师都不管孩子吗？怎么能让贝贝被别人咬？"柳老师和江老师闻言立刻向贝贝妈妈表示歉意，并承诺之后一定会改进工作方法。经过沟通，贝贝妈妈的怒气有所平息，没有继续追责。事后，柳老师和江老师深刻反思了自己的工作。

教学分析：	教学反思：
咬人事件的发生，既与教师分工不当有关，也与教师对幼儿的关注不够有关。排队前往早操场地时，两位教师都走在队伍前方，忽略了对队伍中部和后部幼儿的关注和照看，导致队伍中部幼儿间发生矛盾时，教师未能及时发现并制止。	在组织幼儿排队前往早操场地时，主班教师和配班教师应分别站在队伍前后，密切关注每位幼儿的情况，确保每位幼儿的行为都在教师的视线范围内，及时发现并解决幼儿间的矛盾。此外，在日常生活中，教师要注意对幼儿进行安全教育，告诉幼儿在排队时不要打闹、争抢，有问题及时告诉老师。

案例二： 抢点大战

早操活动期间，中一班的霖霖和楠楠因都想踩在同一个站位点上而发生了争执，并互相推搡了起来。当时，主班教师齐老师和配班教师张老师正忙于指挥其他小朋友站在自己的站位点上，未能及时发现两人的争执。

突然，霖霖在推搡中不慎摔倒在地，哭了起来。齐老师听见哭声后立刻上前扶起霖霖，查看霖霖是否受伤。齐老师发现霖霖的右膝盖处有一小块红色瘀痕，于是先请保育员林老师准备毛巾为霖霖冷敷，然后一边轻声安慰霖霖，一边从口袋里掏出湿纸巾，轻轻地擦拭霖霖膝盖上的尘土。张老师温柔地拉起楠楠的手，耐心地教导他不能伤害他人。在老师的帮助下，霖霖和楠楠和好如初，开始跟着老师做早操。

下午离园后，霖霖在回家的路上给妈妈讲了早上在幼儿园发生的事情。霖霖妈妈得知霖霖在幼儿园摔倒的事情后，感到很生气，立即给齐老师打了一通电话，斥责其没有责任心。随后，霖霖妈妈又将中一班的老师投诉到了园长处，并对园内的管理提出了质疑，认为园内的老师缺乏爱心，将孩子送到幼儿园感到很不放心。家长的质疑和不信任严重影响了幼儿园教师的形象。园长首先对霖霖家长表达了歉意，然后向其保证一定会对相关教师进行批评教育，并对园内管理进行整改。

教学分析：	教学反思：
抢点大战事件的发生，一方面与教师分工不合理有关，另一方面与教师对幼儿的关注不够有关。两位教师同时指挥班里的小朋友寻找站位点，未能及时发现霖霖和楠楠因争抢站位点而发生的矛盾，导致两位幼儿的矛盾升级。此外，在离园时，两位教师没有主动向家长说明幼儿当天的情况，以寻求家长的谅解。	在组织早操活动时，教师之间要合理分工，确保每位幼儿的活动都在教师的视线范围内，以便及时发现并解决问题。此外，若幼儿在幼儿园意外受伤，教师要主动告知家长，请求家长原谅，并深刻反思自己的工作。

模块五 拓展训练——知信行合一

技能闯关——看看谁的行为最规范

一、训练目的

通过闯关游戏，深刻认识早操活动的重要性，熟练掌握早操环节的流程和规范。

二、训练步骤

全班学生根据表2-2所列的步骤和相关内容完成此次训练活动。

表2-2　拓展训练步骤表

步骤		内容
学生分组		全班学生每3～4人为一组，各组分别选出一位组长
设计闯关项目		闯关训练共分为四道关卡，各组根据以下要求设计一系列闯关项目 （1）安全隐患排查关：设计3～5个教师在早操活动开始前排查安全隐患的项目，如检查早操场地是否有危险物品、检查幼儿的衣着等 （2）师幼互动关：设计3～5个教师与幼儿互动的项目，如纠正幼儿的不规范做操动作、表扬表现好的幼儿、为个别幼儿服务等 （3）突发情况应对关：设计1～3个教师处理早操环节突发情况的项目，如幼儿做操时突然摔倒 （4）创意教学关：设定1～3个教学情景，如组织幼儿排队、引导不愿意做操的幼儿做操 各组设计好各道关卡的闯关项目后，以图片或视频的形式，介绍本组所设计的闯关项目的评价标准（"创意教学关"不设标准，闯关者根据所抽中的情景即兴作答）
闯关准备	筛选闯关项目	各组组长协助班委从各组设计的闯关项目中为每道关卡选择合适的项目。每道关卡的闯关项目可根据难度排列顺序，数量视情况而定
	选择闯关场地	寻找一处开阔的场地（室内、室外皆可），并根据选定的闯关项目设置闯关路线
	准备奖励物品	购买印章、贴纸、小礼品等物品
闯关训练	人员分配	全班学生重新分成两大组——闯关组、服务组（两组人数视情况而定）。服务组担任各闯关点的负责人，每个闯关点安排两人值守
	闯关	各闯关点的两位负责人一人负责引导闯关者完成闯关活动，一人参照图片上或视频中的评价标准判断闯关者是否闯关成功（"创意教学关"无固定标准，闯关者能展示出相关技能即可）。若闯关成功，负责人应为闯关者加盖印章，并发放贴纸或赠送小礼品 闯关组和服务组轮流闯关，确保所有学生都能参与闯关活动
收尾工作		学生拍照留念、收拾活动场地等

模块六 综合评价——更上一层楼

本项目的学习已告一段落，请同学们按照表 2-3 中的评价项目和评价标准，以等级评定的方式对自己的学习情况进行评价，并请同伴（"拓展训练"活动中的组长）、教师对自己进行点评。等级评定标准如下："优秀"等级为五颗星，"良好"等级为四颗星，"有待提高"等级为三颗星。

表 2-3 考核评价表

评价项目	评价标准	评价等级		
		自己评	同伴评	教师评
知识学习	能够流畅地陈述早操环节的全部流程，以及每位教师的分工情况			
	能够举例说明早操环节的教育要点			
	能够简要介绍教师在早操前需要做的准备工作			
	能够简要说明三位教师在做操过程中应做好的工作			
	能够简要介绍早操结束后教师应做的工作			
技能掌握	能够独立分析"案例聚焦"中教师存在的不足之处，并提出合理的改进建议			
	在拓展训练中，积极参与闯关项目的设计			
	积极参与拓展训练，且能够运用所学知识顺利闯关			
	能够灵活应对早操环节中出现的突发事件			
素质培养	在拓展训练中，展现出了较强的合作意识和创新精神			
	热爱教育事业，且能够通过实际行动表达自己对教育事业的热爱			

项目三

如厕环节教师工作行为规范

如厕环节是培养幼儿生活自理能力和良好卫生习惯的关键环节。进入幼儿园后，不少幼儿会因生活环境的变化而产生一定的心理压力，从而出现如厕困难。对大多数刚进入幼儿园的幼儿来说，在园如厕是一项不小的挑战。

教师应重视如厕教育对幼儿身心和谐发展的重要价值，为幼儿创设安全、干净、卫生的如厕环境，营造轻松愉悦的如厕氛围，使幼儿掌握如厕的基本技能，学会正确如厕、有序如厕、文明如厕。

模块一　任务概览——事事有条理

如厕环节流程图

第一步：做好如厕环节的准备工作 ⇒
- （1）检查如厕环境。
- （2）准备如厕用品。
- （3）组织幼儿排队。

第二步：引导幼儿文明、有序如厕 ⇒
- （1）引导幼儿完成如厕过程。
- （2）观察幼儿的如厕行为。
- （3）维护如厕秩序。

第三步：做好卫生间的清理工作 ⇒

清理马桶、地面、拖布、洗手台等。

如厕环节教育要点

1. 让幼儿懂得在园如厕是一件正常的事情，不要紧张，不要拒绝。

2. 向幼儿传授及时如厕的健康理念，引导幼儿有便意时及时告知老师。

3. 引导幼儿学习基本的如厕技能，如脱裤子、擦屁股、提裤子（小班的幼儿除外）等，帮助其逐步学会自主如厕。

4. 引导幼儿文明如厕，做到不喧哗、不吵闹，不浪费纸张和水，不随地大小便。

5. 引导幼儿养成良好的如厕习惯，如便后主动冲水、洗手。

6. 对幼儿进行性别教育。

模块二　任务准备——细心筹备足

 检查如厕环境

检查如厕环境

为了给幼儿提供一个安全、干净、卫生的如厕环境，在如厕活动开始前，保育员要对卫生间的环境和卫生设施进行全面检查。

 一　环境检查

进行环境检查时，保育员要逐一检查卫生间的门、窗、地面和如厕标识。若发现异常情况，保育员应及时处理。环境检查项目及检查标准如表3-1所示。

操作要点

如厕环境检查关键词：

门、窗、地面、如厕标识、马桶、男生小便池、洗手台、垃圾桶

表3-1　环境检查项目及检查标准

项目	检查标准
门	无污渍、无异味。若卫生不达标，保育员可用酒精对门面和门把手进行消毒
窗	打开窗户，确保空气流通，以使卫生间空气清新无异味
地面	进出通道无障碍物，地面干燥，无脚印或水渍
如厕标识	所有的如厕标识（如卫生间门牌、幼儿如厕步骤图、温馨提示标语等）都位于合适的位置，无掉落在地、破损等情况

 二　卫生设施检查

卫生设施检查包括马桶检查、男生小便池检查、洗手台检查和垃圾桶检查四项，各项检查标准如表3-2所示。若发现异常情况，保育员应及时处理。

表3-2　卫生设施检查项目及检查标准

项目	检查标准
马桶	① 马桶冲水箱按钮无松动，能正常使用；② 马桶盖无破损；③ 马桶坐圈边缘无破裂；④ 马桶无堵塞且冲洗干净
男生小便池	便池内无尿渍或污渍。若发现尿渍或污渍，保育员应及时冲洗干净
洗手台	① 水龙头阀门无松动，能正常使用；② 洗手池内无积水或异物；③ 洗手台面整洁、干爽、卫生，未摆放无关物品
垃圾桶	干燥无异味，摆放在便于幼儿投放便纸的地方

准备如厕用品

保育员应提前准备足量的如厕用品，包括肥皂、便纸、洗手液、擦手毛巾等，并将这些用品提前放置于便于幼儿取放的固定位置。

除如厕用品外，保育员还应准备好干净的吸水拖布，以便随时清理地面上的水渍。

组织幼儿排队

除特殊情况外，幼儿园都会在特定时间组织幼儿集体如厕。如厕前，主班教师和配班教师需要组织幼儿排队，有序如厕。主班教师发出如厕信号，提醒幼儿开始排队，然后清点幼儿人数；配班教师组织幼儿按性别排队。

组织幼儿排队时，两位教师要注意做好以下工作。

（1）为幼儿营造轻松的氛围，如播放与如厕相关的儿歌，以缓解幼儿的紧张情绪。

（2）采用恰当的方式教育幼儿及时如厕；要能够发现幼儿的特殊需求，及时带有需要的幼儿前往卫生间如厕，避免幼儿出现憋便的情况。

（3）提醒幼儿遵守如厕秩序，在如厕过程中不要喧哗、嬉戏、打闹、争抢马桶或小便池等。

模块三　任务实施——融会贯通学

教师分工

各司其职

主班教师	配班教师	保育员
● 组织幼儿有序如厕，引导并允许幼儿有特殊需求时及时如厕。	● 配合主班教师组织幼儿有序如厕，引导并允许幼儿有特殊需求时及时如厕。	● 时刻关注卫生间的环境卫生，及时清理地面上的水渍、尿渍。
● 关注幼儿的如厕过程，协助小班的幼儿如厕，指导中大班的幼儿独立如厕。	● 关注幼儿的如厕过程，协助小班的幼儿如厕，指导中大班的幼儿独立如厕。	● 视情况补充便纸。
● 回应个别幼儿的特殊需求，如为有需要的幼儿擦洗身体、换干净衣服。	● 回应个别幼儿的特殊需求，如为有需要的幼儿擦洗身体、换干净衣服。	● 维护如厕秩序。
● 组织幼儿排队进入下一个活动场地。	● 配合主班教师组织幼儿排队进入下一个活动场地。	● 照顾等待如厕及如厕结束的幼儿。
● 对幼儿进行随机教育。	● 对幼儿进行随机教育。	● 对幼儿进行随机教育。

引导幼儿文明、有序如厕

幼儿进入卫生间后，三位教师要组织幼儿排队如厕。通常，三位教师的站位如下：主班教师和配班教师分别在男女卫生间内协助、指导幼儿如厕；保育员在卫生间门口维护排队秩序，照顾等待如厕及如厕结束的幼儿。幼儿如厕期间，三位教师要做好分工，确保每位幼儿的活动都在教师的视线范围内。具体来说，在幼儿如厕时，三位教师应做好以下几项工作。

一　引导幼儿完成如厕过程

主班教师和配班教师要关注幼儿的如厕过程，协助、指导幼儿如厕。对于小班的幼儿，教师应以让幼儿学会如厕为目的，不得强求幼儿独自如厕；对于中大班的幼儿，教师要注意指导幼儿自主如厕，必要时给予适当帮助。下面重点讲解教师协助小班幼儿进行如厕的要点。

1. 脱裤子

待幼儿站稳后，教师虎口张开，四指并拢，两只大拇指插进幼儿裤腰内，一层一层地将幼儿的外裤和内裤退至其膝盖以上5厘米处，然后让幼儿缓缓蹲下。

在为幼儿脱裤子时，教师要注意避免出现以下情况：① 大拇指未插进裤腰，直接用力拉扯幼儿裤腿；② 裤子退下后所处位置过低或过高，过低则幼儿裤子易掉落在地，过高则幼儿易尿湿裤子。

在帮助穿裙子的幼儿如厕时，教师可在幼儿站稳后，先指导幼儿自己用手将裙摆拉至腹部，再帮助幼儿将内裤退至膝盖以上5厘米处，然后让幼儿缓缓蹲下。

2. 擦屁股

教师单膝蹲下，让幼儿舒适地趴在自己的腿部，然后用柔软的便纸轻轻地擦拭幼儿的屁股，擦干净后将便纸对折并扔进垃圾桶。擦拭时，教师要注意力度不要太大。

给幼儿擦屁股

3. 提裤子和整理衣服

幼儿如厕结束后，教师可引导其自己提裤子，然后帮其整理衣服，确保幼儿外裤平整、无卷边、无褶皱，内裤无外露，裤腰处于合适位置。若幼儿穿的是裙子，教师可用双手捏住幼儿的裙摆并轻轻下拉，以确保裙子无卷边、无褶皱。

4. 冲水

整理好衣服后，教师要观察幼儿有无冲马桶或小便池的意识，若有，要及时表扬幼儿，如"太棒啦，冲马桶，讲卫生"；若无，可用语言提醒幼儿，如"咦？我们接下来要干什么呀？是不是要冲马桶呀？"。

5. 洗手

冲完水后，教师要指导幼儿洗手（参照项目五）。在指导幼儿洗手时，教师要做好安全防护工作，注意地面是否有积水或尿渍，并提醒幼儿注意安全，以免滑倒。若发现积水或尿渍，两位教师要及时请保育员清理干净。

幼儿洗完手后，两位教师组织幼儿排队离开卫生间，将幼儿交给保育员照看。

幼儿如厕步骤

帮助幼儿掌握如厕步骤是如厕教育的重要内容。通常，教师可以通过读绘本、放动画片等方式教幼儿学习如厕步骤。此外，教师还可以为幼儿设计生动形象的如厕步骤图，并将其张贴在卫生间的墙壁上，以便于幼儿理解、记忆。图3-1和图3-2是某幼儿园为幼儿设计的大小便步骤图。

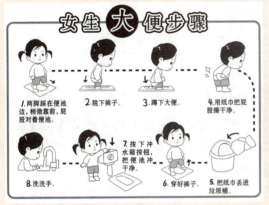

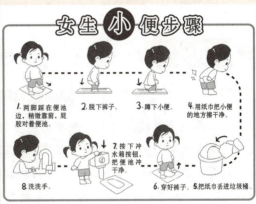

图 3-1　女生大小便步骤图

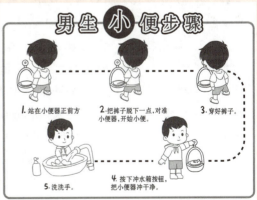

图 3-2　男生大小便步骤图

二 观察幼儿的如厕行为

幼儿如厕期间，主班教师和配班教师要密切关注幼儿的如厕行为，观察幼儿排便有无异常、如厕时有无不良习惯、有无弄脏衣服或身体的情况等。

若发现幼儿排便出现异常，如幼儿便色异常、尿频、便秘等，或者出现其他身体不适的情况，教师要及时询问幼儿是否身体不舒服；如有必要，教师应做好记录，待离园时，将观察情况告知家长，请家长在回家后观察幼儿的身体状况。

若发现幼儿如厕时有不良习惯，如如厕后不冲马桶、浪费纸张、如厕后逗留、窥探他人如厕等，教师要立即予以纠正并对其进行教育，以培养其良好的如厕习惯。

若发现幼儿如厕时弄脏衣服或身体，教师要及时帮助幼儿擦洗身体、更换干净衣服，并清理衣服上的便迹。

应注意的是，若教师发现个别幼儿在如厕方面的表现较为逊色，应记录下来，并在离园时告知家长，请家长在家庭中对幼儿进行如厕教育。

幼有善育

如厕教育的内容和方式

如厕教育是幼儿园生活教育的重要组成部分，它关系着幼儿的身体健康及卫生习惯的养成。教师应熟悉如厕教育的内容，主动挖掘一切可能的机会对幼儿进行如厕教育。具体来说，幼儿如厕教育的内容包括以下几个方面。

（1）如厕常规教育。如厕常规教育包括以下几项：① 引导幼儿学会根据需要自主如厕；② 帮助幼儿养成规律如厕的习惯；③ 教幼儿掌握如厕技能，如自己擦屁股；④ 引导幼儿文明如厕，帮助其培养良好的如厕习惯，如不随地大小便、不浪费纸和水、不偷窥他人、人多时自觉排队等。

（2）健康教育。教师应根据《3～6岁儿童学习与发展指南》中提出的健康方面的教育建议，如"告诉幼儿不允许别人触摸自己的隐私部位""结合活动内容对幼儿进行安全教育，注重在活动中培养幼儿的自我保护能力"等，结合幼儿的年龄特点对其进行防性侵、防窥探、自我保护等安全教育。此外，教师还应使幼儿认识到憋便不利于身体健康，引导幼儿有便意时及时如厕。

（3）性别教育。教师应适时对幼儿开展性别教育，引导幼儿认识自己的身体，理解并认同自己的性别，知道男女有别。

教师通常可采用以下方式开展如厕教育：① 家园合作，即通过组织家长会、举办育儿讲座、发放育儿手册、个别交流等方式指导家长在家庭中培养幼儿良好的如厕习惯；② 主题教育，即通过组织讲故事、主题阅读、主题游戏等教育活动，对幼儿进行全面的如厕教育；③ 随机教育，即灵活地挖掘教育机会对幼儿进行如厕教育；④ 个别教育，即针对自理能力较差或年龄较小的幼儿进行个别辅导。

三　维护如厕秩序

幼儿排队如厕期间，保育员要维护好如厕秩序。

首先，保育员要引导幼儿耐心地排队如厕，不吵闹、不喧哗、不随意插队、不乱走乱跑；同时让幼儿知道，若有特殊情况（如需要立即如厕），要及时告诉老师，而不能私自跑走，或随地大小便。

其次，保育员要提醒幼儿如厕时不要争抢马桶，如厕后要及时洗手。对于中大班的幼儿，保育员还要提醒其独自如厕时不要摆弄卫生设施、如厕后不要逗留。

最后，在等待期间，保育员可以安排一些小活动，以免幼儿感到无聊，如组织幼儿唱与如厕相关的儿歌，借机对幼儿开展如厕教育——带幼儿复习如厕步骤、为幼儿讲解如厕时的注意事项、对幼儿进行安全教育等。

如厕环节的常用规范语

- 小朋友们，如厕时要排队哦。
- 小朋友们，如果憋不住了，要举手告诉老师，可不要尿湿裤子哦。
- 如厕结束的小朋友请到老师这里来排队。
- 宝贝，站稳了，不要摔倒了。
- ×××小朋友，今天由老师来教你怎么擦屁股，以后你自己擦好不好？
- ×××小朋友，你还记得如厕步骤吗？接下来要做什么呀？
- ×××小朋友，你自己提裤子，好吗？不会的话，老师再帮你。
- ×××小朋友，我们先提小内裤，再提小外裤，最后整理一下衣服就好啦。

 做好卫生间的清理工作

所有幼儿如厕结束后，主班教师和配班教师组织幼儿排队进入下一个活动场地，保育员要做好卫生间的卫生清理工作，具体的清理方法如表3-3所示。

马桶的清洗与消毒

表3-3　卫生间的清理方法

项目	清理方法
马桶清洗	（1）保育员戴上专用手套，沿马桶边缘挤压适量洁厕剂 （2）用马桶刷刷洗马桶3至6圈 （3）按压冲水阀门冲洗马桶 所有马桶清洗完毕后，保育员将洁厕剂、马桶刷放回指定位置

项目	清理方法
马桶消毒	（1）马桶坐圈消毒——先将消毒水均匀地喷洒在马桶坐圈上，再用毛巾擦拭干净 （2）马桶盖消毒——先将消毒水均匀地喷洒在马桶盖的内侧和外侧，并用毛巾擦拭干净，再将马桶盖放下，并用毛巾沿马桶盖边缘擦拭一周 （3）马桶冲水箱消毒——先在冲水箱顶部喷洒适量消毒水，然后用毛巾擦拭干净 （4）毛巾消毒——将毛巾放于专用消毒盆内，对其进行消毒清洗
地面清理	用吸水拖布清理地面，确保地面无水渍
拖布清洗	将拖布清洗干净，沥干水分后放回指定位置
洗手台清理	（1）清理洗手台上的废弃物，如幼儿用过的纸巾 （2）用毛巾擦拭洗手池和洗手台台面，将水渍和污渍清理干净 （3）用毛巾沿洗手台台面边缘擦拭一周，擦拭结束后将毛巾清洗干净，并将其放回指定位置

教学笔记

幼儿常见的如厕问题及其应对

如厕对幼儿园的幼儿，尤其是小班的幼儿来说极具挑战性。在幼儿园，幼儿们总会产生各种各样的如厕问题，教师要能够以促进幼儿身心健康发展为目标，采用合理正确的方式应对幼儿的如厕问题。幼儿常见的如厕问题及解决办法如下。

问题 1：幼儿因有过不良的如厕体验，如因尿裤子而被其他幼儿嘲笑、在卫生间摔倒过、如厕时被他人说"羞羞羞"等，而不愿意在幼儿园如厕。

遇到这个问题，教师可以按以下步骤操作：首先，要安抚幼儿，让幼儿放松下来；其次，要单独带幼儿如厕，且要全程陪伴幼儿，给幼儿充足的安全感；最后，要多关注和鼓励幼儿，让幼儿明白及时如厕是一件值得表扬的事情。

问题 2：幼儿不愿意在集体如厕时间如厕，总是在活动或午饭时间如厕。

遇到这个问题，教师不能呵斥幼儿，应及时带幼儿如厕。然后在固定时间提醒、引导幼儿如厕，让幼儿慢慢适应。

问题 3：幼儿缺乏基本的如厕技能。

这个问题是较为常见的如厕问题，尤其是对小班的幼儿来说。教师要知道幼儿掌握基本的如厕技能需要一定时间，不可强迫幼儿自主如厕，也不可嘲笑幼儿。首先，发现幼儿需要帮助时，教师要耐心地协助幼儿完成如厕；其次，要采取有趣、易理解的方式引导幼儿逐渐掌握基本的如厕技能，如为幼儿做示范、以游戏的方式训练幼儿等。

问题4：幼儿存在浪费纸张和水的情况。

　　遇到这个问题，教师要意识到这是培养幼儿良好如厕习惯和引导幼儿树立环保意识的好机会。在如厕现场发现此类情况时，教师不能严厉呵斥幼儿，应以恰当的方式阻止幼儿的浪费行为，让幼儿知道浪费行为不可取。之后，教师可组织主题教育活动，让幼儿知道浪费行为为什么不可取，引导幼儿树立环保意识，自觉保护环境。

模块四 案例聚焦——学思用相长

案例一： 幼儿园转园风波

星期一，明明穿了一双新鞋去幼儿园。这双新鞋虽然精美，但是防滑性较差。早上出门时，明明妈妈提醒明明走路时要小心，以防滑倒。整个上午，明明走路时都十分小心，生怕摔跤。

上午如厕环节，明明冲水后转身时，不小心踩到了冲水箱旁边的一小摊积水，"咚"的一声，明明滑倒了，额头撞到了地面上。明明"哇"的一声大哭起来。正在组织其他幼儿如厕的主班教师齐老师赶紧来到明明身边，将他扶起来。这时，明明额头上已经冒出了一个鸡蛋大小的包。齐老师吓坏了，立刻叫来保育员任老师为明明冷敷伤处，并立即打电话通知明明家长，然后将明明送到医院进行检查。

明明妈妈到医院看见明明额头上的包时吓坏了。好在医生检查后说明明没有大问题，在家休息两天即可。第二天，明明妈妈向幼儿园提交了转园申请。明明妈妈认为，明明摔伤一方面是因为老师没有能力照顾好孩子，另一方面是因为老师未能做好园内的卫生工作。明明妈妈还指出，明明如厕时，没有老师站在旁边照看，这是老师失职的表现。虽然幼儿园多次向明明家长道歉，但是明明家长仍然坚持转园。

教学分析：	教学反思：
明明摔伤与幼儿园的教师有直接关系，原因如下：① 主班教师和配班教师对幼儿的关注不够，没有发现明明的鞋子防滑性差；② 明明因踩到卫生间地面上的水渍而滑倒，这表明保育员未能及时清理地面上的水渍。由此可知，明明妈妈对幼儿园教师工作的质疑是合理的。	如厕环节存在较多的安全隐患，教师必须做好安全防护工作。首先，教师要注意观察幼儿当天的异常行为，及时排查可能威胁幼儿安全的一切因素；其次，在幼儿如厕时，若发现地面上有水渍，保育员应立即清理，为幼儿提供一个安全的如厕环境。

案例二： 争抢小马桶之战

　　阅读活动结束后，大二班的三位教师按工作日志组织幼儿如厕。三位教师认为大班的幼儿都能自主如厕了，所以并没有过多关注幼儿，只是告诉幼儿若需要帮助就告诉老师。幼儿如厕时，三位教师一起站在卫生间门口等候。

　　突然，卫生间里传来一阵哭声，三位教师闻声赶过去查看情况。主班教师曹老师看到天天在哭，立即蹲下来安慰天天，然后一边用纸巾擦拭天天脸上的泪珠，一边询问天天为什么哭。原来，天天和乐乐因争抢同一个马桶吵了起来。争吵过程中，天天推倒了乐乐，乐乐站起来后立刻反击，咬了天天一口，天天疼得直哭。曹老师发现天天手臂上有两排明显的牙印，且有一点渗血。于是，曹老师安排保育员江老师先带天天如厕，然后带其去医务室处理伤口，自己则和配班教师齐老师留在原地组织其他幼儿如厕。

　　当天离园时，曹老师找来天天和乐乐的家长，向他们说明了事情的前因后果。双方家长都认为是对方孩子的错，于是便争吵起来。曹老师尝试调解无果后请来了园长。园长出面后，才平息了双方的怒火。双方家长冷静后一致认为，发生这样的事情，幼儿园有不可推卸的责任，并对幼儿园教师的工作提出质疑，认为教师分工不合理，既没有密切关注幼儿如厕，也没有及时发现幼儿之间的矛盾。大二班的三位教师承认了错误，并当面向双方家长道歉，承诺将深刻反思自身的工作。

教学分析：

　　案例中，两位幼儿从产生矛盾到互相伤害，皆与教师对幼儿的关注不够有关。教师若能确保幼儿的行为在其视线范围内，便能及时发现矛盾、解决矛盾，从而避免幼儿互相伤害行为的产生。

教学反思：

　　在如厕环节，幼儿常因在卫生间争抢马桶或玩耍而产生争执，从而引发安全事件。幼儿如厕时，三位教师应做好分工，密切关注幼儿的行为，不可因幼儿已具备自主如厕的能力，便不再过多关注其如厕过程。此外，教师在平时要加强对幼儿的教育，一方面要教导幼儿有序如厕，不争抢，不打闹；另一方面要教育幼儿在遇到冲突时，应尝试用沟通而非推人、打人、咬人等攻击性行为来解决问题。

模块五 拓展训练——知信行合一

制作微课——如厕工作知多少

一、训练目的

通过制作微课，全面了解如厕环节的工作流程，深刻理解如厕教育对幼儿发展的重要性。

二、训练步骤

全班学生根据表 3-4 所列的步骤和相关内容完成此次训练活动。

表 3-4　拓展训练步骤表

步骤	内容
学生分组	全班学生每 6～8 人为一组，各组分别选出一位组长
设计脚本	各组以"如厕环节幼儿教师工作行为规范"为主题设计一堂线上课 各组成员通过讨论设计脚本，脚本内容包括但不限于以下几个方面 （1）环境创设：讲解如何营造轻松、安全、和谐的如厕氛围 （2）如厕教育：讲解如何教幼儿掌握如厕的基本规则，如如厕排队、便后冲厕、洗手等 （3）技能指导：讲解如何指导幼儿学习如厕的步骤 （4）安全管理：讲解如何做好如厕期间的安全防护工作 各组设计脚本时，要注意以下两个方面：① 重点要围绕"教师应如何做"展开；② 内容要密切结合实际
拍摄工作	（1）任务分工。每组选出 1～2 人承担拍摄任务，1 人担任讲解员，其余成员根据本组脚本自行分配角色 （2）准备道具。道具包括拍摄设备、模拟幼儿如厕的道具（可以是仿真道具） （3）拍摄视频。选择合适的场地，按脚本拍摄视频
剪辑视频	各组的视频应达到以下要求：① 画面清晰流畅，无卡顿、无黑边；② 音质清晰可辨，声画同步，无明显交流声或杂音、噪音；③ 教师行为符合师德师风要求；④ 总时长 15～20 分钟
展示与评比	教师组织班会，在班会上展示各组微课，并组织全班学生投票选出"最佳教育微课"。学生互相交流关于训练活动的感受和收获，以及自己对幼儿教师应如何做好如厕环节工作的新认识、新体会

模块六 综合评价——更上一层楼

本项目的学习已告一段落，请同学们按照表 3-5 中的评价项目和评价标准，以等级评定的方式对自己的学习情况进行评价，并请同伴（"拓展训练"活动中的组长）、教师对自己进行点评。等级评定标准如下："优秀"等级为五颗星，"良好"等级为四颗星，"有待提高"等级为三颗星。

表 3-5 考核评价表

评价项目	评价标准	评价等级		
		自己评	同伴评	教师评
知识学习	能够流畅地陈述如厕环节的全部流程，以及每位教师的分工情况			
	能够举例说明如厕环节的教育要点			
	能够简要介绍教师在如厕前需要做的准备工作			
	能够举例说明教师应如何协助、引导各年龄段的幼儿完成如厕			
	能够举例说明教师在如厕环节应重点关注哪些方面			
	能够简要概括教师应如何做好幼儿如厕结束后的工作			
技能掌握	能够独立分析"案例聚焦"中教师存在的不足之处，并提出合理的改进建议			
	积极参与如厕环节教育微课的拍摄，能够提出有价值、有新意的想法			
	能够运用所学知识完成如厕环节教育微课的拍摄			
素质培养	善于总结，能够在实践活动中有所收获			
	创新意识强，能够提出有新意的教学方法			

项目四

洗手环节教师工作行为规范

　　在幼儿园教育中，洗手环节占据着至关重要的地位，它对预防疾病传播、保障幼儿健康具有不可忽视的作用。在洗手环节，教师肩负着引导幼儿正确洗手、培养幼儿良好卫生习惯的重任。教师应明确自身在洗手环节中的行为规范，以专业的态度和恰当的方式，指导、帮助幼儿完成洗手活动。

　　幼儿园的洗手环节为教师提供了开展健康教育的机会，教师应借助这一环节，引导幼儿了解洗手与身体健康的关系，初步培养幼儿关注身体健康的意识。

模块一 任务概览——事事有条理

洗手环节流程图

第一步：做好洗手前的准备工作 ⇒
- （1）对盥洗间进行安全排查。
- （2）准备洗手用品。
- （3）组织幼儿排队。

第二步：指导、协助幼儿洗手 ⇒
- （1）卷袖子。
- （2）打湿双手。
- （3）抹洗手液或肥皂。
- （4）搓手。
- （5）冲洗。
- （6）甩水珠和擦手。
- （7）放下袖子。

第三步：开展洗手活动结束后的工作 ⇒
- （1）卫生清洁工作。
- （2）物品整理工作。

洗手环节教育要点

① 引导幼儿自己卷袖子，自己取放洗手用品，自己按照规范的步骤和正确的方法洗手，以此培养幼儿的自理能力。

② 对幼儿开展健康教育，引导幼儿在饭前、便后、活动后或手脏时主动洗手。

③ 对幼儿开展文明礼仪教育，教导幼儿人多时自觉排队洗手，洗手时不玩耍、节约用水，等等。

④ 引导幼儿洗手时互相帮助，以此培养幼儿的亲社会行为。

⑤ 引导幼儿洗完手后主动整理洗手用品，以此培养幼儿的劳动意识。

模块二 任务准备——细心筹备足

对盥洗间进行安全排查

洗手是幼儿园较为常见的活动。通常，教师会在固定的时间组织幼儿排队洗手，如饭前、便后、户外活动结束后、绘画课结束后等。此外，只要幼儿有需要，教师都应及时带领幼儿洗手。

在洗手活动开始前，保育员要提前进入盥洗间进行安全排查，确保无安全隐患。如果发现异常情况，应及时处理。盥洗间的安全排查项目及标准如表4-1所示。

表4-1　盥洗间的安全排查项目及标准

项目	排查标准
地面	无积水或湿滑现象、干净无污物、没有妨碍幼儿行走的障碍物，如图4-1所示
洗手台	无水渍或污迹，台面上没有与洗手无关的物品，洗手池内无淤堵物、污物
水龙头	无破损，能正常使用
与洗手无关的物品	① 清洁剂、消毒剂、消毒手套等物品放置在幼儿接触不到的地方 ② 拖布、扫把等物品放置在不妨碍幼儿行走的地方

图4-1　某幼儿园盥洗间的地面

准备洗手用品

盥洗间安全排查工作结束后，保育员要为幼儿准备好擦手毛巾、肥皂（应置于肥皂盒中）、洗手液等洗手用品，并将其放在固定且便于幼儿取用的位置。洗手用品准备完毕后，保育员可告知主班教师和配班教师，让他们组织幼儿排队洗手。

在准备擦手毛巾时，保育员应注意以下几点：① 擦手毛巾要干爽卫生，并整齐地晾挂在合适的位置；② 与其他毛巾分开放置，如擦汗毛巾；③ 若盥洗间与卫生间共用，晾挂擦手毛巾的位置应尽量远离马桶或便池。

 ## 组织幼儿排队

在洗手环节，三位教师应根据盥洗间的空间大小，将幼儿合理分组，并排成若干纵队依次洗手。幼儿排好队后，教师可以对幼儿进行简短的健康教育，如通过唱儿歌的方式告诉幼儿洗手的重要性。此外，教师还可以请幼儿回忆文明洗手的要求，如节约用水、不玩水、不在盥洗间打闹等，以提醒幼儿要文明、有序地完成洗手活动。

健康教育结束后，三位教师要分别站在队伍的头尾及中间位置，带领幼儿进入盥洗间。

 教学笔记

如何更好地开展洗手活动

（1）分工合理。在洗手环节，三位教师要合理分工，确保每位幼儿都在教师的视线范围内，以避免安全事件的发生。

（2）充分利用教育视频。洗手环节一般是分组进行的，幼儿等待的时间比较长，教师可利用这段时间，为等待的幼儿播放与洗手相关的教育视频，这样既能帮助幼儿度过无聊的等待时间，又能借助视频对幼儿进行多方面的教育。

（3）给予幼儿鼓励与表扬。当发现幼儿有想要自己洗手的意愿时，教师应给予鼓励，并为其提供自己洗手的机会；当发现幼儿能够独自洗手，或者某一个洗手步骤完成得较好时，教师要及时表扬幼儿。

模块三 任务实施——融会贯通学

教师分工

各司其职

主班教师	配班教师	保育员
• 照看排队等待洗手的幼儿。	• 引导幼儿按步骤认真洗手。	• 引导幼儿按步骤认真洗手。
• 组织洗完手的幼儿排队等待其他幼儿。	• 关注幼儿的洗手情况。	• 关注幼儿的洗手情况。
• 组织幼儿排队进入下一个活动场地。	• 配合主班教师组织幼儿排队进入下一个活动场地。	• 打扫盥洗间。
• 对幼儿进行随机教育。	• 对幼儿进行随机教育。	• 照顾做值日的幼儿。
		• 对幼儿进行随机教育。

指导、协助幼儿洗手

指导、协助幼儿洗手的任务通常由配班教师和保育员完成。洗手包括卷袖子、打湿双手、抹洗手液或肥皂、搓手、冲洗、甩水珠和擦手、放下袖子等多个步骤。小班的幼儿需要教师协助其洗手，中大班的幼儿需要在教师的指导下自主洗手。

操作要点

> 洗手步骤关键词：
> 卷袖子、打湿双手、抹洗手液或肥皂、搓手、冲洗、甩水珠和擦手、放下袖子

一 卷袖子

卷袖子的规范动作如下：教师先引导幼儿伸出一只手，然后用惯用手轻轻地握住幼儿的手腕，用另一只手将幼儿的外侧衣袖推至合适的位置，如图 4-2 所示。教师为幼儿卷好一只衣袖后，可以鼓励幼儿自己卷另一只衣袖，以培养幼儿的自理能力。

卷袖子

图4-2　教师为幼儿卷袖子

二　打湿双手

打湿双手的步骤及规范动作如下。

➢ 教师引导幼儿慢慢地打开水龙头。打开水龙头后，教师要提醒幼儿调节水流，以免水流太大造成浪费或导致水花溅到衣服上。对于小班的幼儿，教师应为其演示如何调节水流，并鼓励幼儿动手尝试。

➢ 教师引导幼儿将双手放于水龙头下方5～10厘米处打湿，如图4-3所示。

➢ 幼儿打湿双手后，教师应提示幼儿关闭水龙头。

图4-3　教师帮助幼儿打湿双手

三　抹洗手液或肥皂

抹洗手液或肥皂的规范动作如下：教师拿起洗手液或肥皂，引导幼儿伸出双手并掌心朝上，将洗手液滴在幼儿的掌心上，然后指导或帮助幼儿将洗手液涂抹均匀；或者用肥皂涂抹幼儿的掌心、手背、手指和指缝。待所有幼儿抹好洗手液或肥皂后，教师将洗手液或肥皂放回原处。

教师可根据幼儿的年龄及能力，引导幼儿自主完成抹洗手液或肥皂的动作，并适时给予幼儿帮助。图4-4所示为教师帮助幼儿抹洗手液。

图4-4 教师帮助幼儿抹洗手液

四 搓手

搓手即教师指导幼儿细致地揉搓双手的掌心、手背、指缝、指背、指尖、每一根手指及手腕，以确保全面清洗双手。搓手的步骤及规范动作如下。

➢ 搓掌心：掌心相对，手指并拢，相互揉搓数次。

➢ 搓手背：掌心对手背，揉搓数次，双手交换进行。

➢ 搓指缝：掌心对手背，双手交叉，沿指缝相互揉搓数次。

➢ 搓指背：弯曲手指，把指背放在另一只手的掌心旋转揉搓数次，双手交换进行。

➢ 搓拇指：一只手握住另一只手的大拇指旋转揉搓数次，双手交换进行。

➢ 搓指尖：五指指尖并拢，放在另一只手的掌心旋转揉搓数次，双手交换进行。

应注意的是，在完成上述动作后，教师应指导幼儿搓手腕，即一只手握住另一只手的手腕，旋转揉搓数次，双手交换进行。

对于小班的幼儿，教师应帮助其搓手，并在此过程中用语言告诉幼儿搓手的步骤和要点；对于中大班的幼儿，教师可以通过示范搓手的动作，引导幼儿模仿，如图4-5所示。

图4-5 教师向幼儿示范搓手的动作

五　冲洗

冲洗的步骤及规范动作如下：教师先引导幼儿打开水龙头，然后指导幼儿双手掌心相对放于水龙头下，用流动的水将双手冲洗至无泡沫。必要时，教师可帮助幼儿冲洗双手。冲洗完毕后，教师应提醒幼儿用双手掬起一捧水冲洗水龙头，然后关闭水龙头。

六　甩水珠和擦手

甩水珠和擦手的步骤及规范动作如下。

➤ 教师指导幼儿双手合十，对着洗手池轻甩 3 下，甩去双手上的水珠，如图 4-6 所示。

➤ 教师引导幼儿取下自己的擦手毛巾，并指导幼儿用毛巾依次擦干掌心、手背、手指、指缝和手腕。

➤ 教师引导幼儿将擦手毛巾放回原处。

图 4-6　教师指导幼儿甩水珠

七　放下袖子

幼儿擦干双手后，教师要提醒幼儿将卷起的衣袖向下展开至手腕处。放下袖子的步骤及规范动作如下：教师先引导幼儿向前伸出手臂，然后将幼儿的袖子一层一层地向下翻折至手腕处，最后为幼儿整理袖子，使其平整。完成放下袖子的动作后，教师要检查幼儿的衣袖是否从里到外全部展开，以及有无打湿的情况。如果有，教师应及时处理。

放下袖子

对于小班的幼儿，教师应帮助其完成放下袖子的动作，如图 4-7 所示；对于中大班的幼儿，教师可鼓励其独自完成放下袖子的动作，必要时可给予帮助。

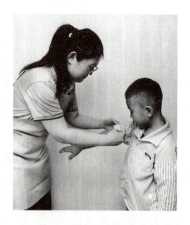

图 4-7　教师帮助幼儿放下袖子

组织幼儿洗手时的常用规范语

- 洗手的小朋友要注意，不要把水溅在衣服上哦。
- 小朋友们，洗手时不要玩水哦。
- 洗完手的小朋友要仔细检查自己手上的泡沫是不是都冲干净了。
- ×××小朋友，记得关水龙头，不能浪费水哦。
- ×××小朋友，你自己把衣袖放下来吧。有需要的话，老师再帮你。

开展洗手活动结束后的工作

　　幼儿园的洗手活动通常分组进行。主班教师负责组织已经洗完手的幼儿排队等待未洗完手的幼儿。待所有幼儿洗完手后，主班教师和配班教师先清点幼儿人数，然后带领幼儿进入下一个活动场地。

　　幼儿离开盥洗间后，保育员要做好卫生清洁工作和物品整理工作，具体如下。

一　卫生清洁工作

　　卫生清洁工作主要包括清洗水龙头、洗手台以及拖地。在清洗水龙头和洗手台时，保育员应先用消毒液清洗水龙头、洗手池及台面，再用清水冲洗干净，最后用抹布擦掉水龙头、洗手池及台面上的水渍。在拖地时，保育员应先用吸水拖布将地面上的水渍清理干净，再对地面进行消毒。图 4-8 所示为保育员清洗洗手池及台面。

图 4-8　保育员清洗洗手池及台面

二　物品整理工作

物品整理工作主要包括以下几项：① 将洗手液、肥皂等洗手用品放在指定的位置；② 清洗幼儿的擦手毛巾并消毒，然后摆放在相应的位置；③ 将抹布、吸水拖布、消毒液等放在指定的位置。

在这一过程中，保育员可以安排中大班的幼儿做值日，让幼儿参与洗手后的物品整理工作，以培养幼儿的自理能力与劳动意识。

幼儿洗手结束后的常用规范语

- 洗完手的小朋友请到老师这里排队。
- 请洗完手的小朋友耐心等待其他小朋友。
- 我们一起来做手指游戏吧。
- ×××小朋友，你帮老师整理物品，可以吗？

幼有善育

洗手环节的随机教育

洗手环节中蕴藏着很多教育契机，教师要充分发掘这些契机，及时对幼儿进行随机教育。通常，教师可以从以下几个方面入手开展随机教育。

（1）培养幼儿勤洗手的好习惯。教师可为幼儿创设良好的洗手环境，吸引幼儿主动参与洗手活动，如在盥洗间的墙上张贴幼儿喜欢的卡通形象、在洗手台上摆放符合幼儿审美的洗手用品等。此外，教师要灵活运用多种方式告知幼儿应该什么时候洗手、洗手有什么好处等。对于及时洗手、认真洗手的幼儿，教师要给予赞扬，以使幼儿保持勤洗手的好习惯。

（2）提升幼儿的文明礼仪素养，如不插队、谦让他人、帮助他人、节约用水等。

除此之外，教师还应和家长密切配合，了解幼儿在家洗手的情况，并指导家长在家中培养幼儿良好的洗手习惯。

洗手环节结束后，教师通常会直接组织幼儿排队进入下一个环节。教师可以利用排队的时间向幼儿简要介绍下一个环节的活动，让幼儿做好准备。例如，洗手环节的下一个环节是午餐环节，教师可对幼儿说："小朋友们，我们要去吃美味的午餐啦！你们还记得吃午餐时的注意事项吗？"

模块四 案例聚焦——学思用相长

案例一： 会"吃手"的水龙头

大二班的主班教师江老师每次在洗手环节开始前都会提醒幼儿不要玩水，但总有几个幼儿会趁老师不注意时玩水。今天，在饭前洗手环节，其他幼儿都已经洗完手了，而轩轩因中途去了厕所还未开始洗手。江老师安排配班教师陈老师先同自己一起带领洗完手的幼儿回教室，并请保育员齐老师留下照看轩轩，等轩轩洗完手后再带其回教室。轩轩上完厕所后，齐老师给轩轩讲解了洗手的方法后就去打扫卫生了。

轩轩打开水龙头后，看到水从水龙头里流出来，突发玩水的念头，于是把右手食指塞进了水龙头的出水口里。此时，水花四处飞溅，轩轩开心极了。在轩轩玩得正尽兴时，齐老师走了过来，轩轩立刻把手指从水龙头里抽出来。但由于水龙头的出水口有一处破损，慌乱之中，轩轩的手指被水龙头的破损处划到了，流了血。轩轩因疼痛大哭起来，齐老师听到哭声后立刻上前查看，并为轩轩处理了伤口。

离园时，江老师将这件事告诉了轩轩家长。虽然轩轩受伤是他偷偷玩水所致，但轩轩家长仍对江老师表达了不满。轩轩家长认为，园内基础设施存在安全隐患，是轩轩受伤的原因之一。同时，轩轩家长对江老师产生了不信任感，认为轩轩受伤与江老师未能妥善照顾有关。

教学分析：

喜欢玩水是幼儿的天性，他们经常借洗手的机会玩水。上述事件一方面反映了教师对幼儿缺乏安全教育；另一方面表明了教师在洗手环节的工作中存在疏漏：① 幼儿独自洗手时，保育员没有给予充分的关注，未能及时制止幼儿的危险行为；② 在对盥洗间进行安全排查时，保育员未发现水龙头有破损，未能及时处理。

教学反思：

在洗手环节，教师要对幼儿进行安全教育，使其掌握必要的安全常识，增强自我保护的意识，提高自我保护的能力。同时，保育员要认真检查盥洗间的基础设施，并将有问题的设施上报给园领导。在组织洗手活动时，教师要关注每位幼儿的一举一动，以便及时发现并制止幼儿的危险行为。此外，幼儿园要及时更换有问题的设施，把安全隐患扼杀在摇篮里。

案例二： 一摊积水引发的安全事件

"已经洗完手的小朋友，请到李老师这里排队，我们一边做手指游戏一边等待其他小朋友洗手，好不好？"中一班的主班教师李老师正在引导洗完手的幼儿排队。与此同时，配班教师周老师和保育员华老师在盥洗间指导其他幼儿洗手。

颜颜的动作比较慢，其他幼儿已经洗完手了，而颜颜还在抹肥皂。周老师一边催促颜颜，一边带领洗完手的幼儿去李老师那里排队。颜颜十分着急，匆匆忙忙地冲洗干净后就向队列跑去，他没有看到地上有一小摊水渍，结果踩上滑倒了。颜颜大哭起来，周老师和华老师立刻停下手上的工作，上前查看情况。庆幸的是，颜颜没有受伤，只是弄脏了衣服。随后，周老师带颜颜去换了一件干净的衣服。在换衣服时，周老师对颜颜进行了安全教育，颜颜意识到自己的行为是危险的，并表示以后洗手时会注意安全。

离园时，李老师向颜颜家长说明了事件的经过，并向家长表达歉意。虽然颜颜没有受伤，但颜颜家长依旧认为周老师和华老师有很大的责任。颜颜家长表示，如果周老师没有催促颜颜，且一直在颜颜身边照看他，颜颜就不会着急去排队，从而就有可能避免滑倒；如果周老师和华老师能及时发现并清理地面上的水渍，颜颜就不会滑倒。周老师和华老师再次向颜颜家长道歉，并承诺一定会改进工作中的不足；李老师也向颜颜家长表示，会进一步优化各个环节的工作流程，尽可能多地避免此类安全事件的发生。

教学分析：

学龄前儿童的安全意识较差，因此，教师在开展各环节的工作时要时刻提醒幼儿注意安全。上述事件中，颜颜滑倒一方面是因为周老师没有全程陪同并时刻关注颜颜的洗手情况，另一方面是因为周老师和华老师未能及时发现并清理地面上的水渍。

教学反思：

首先，在洗手环节，三位教师要做好分工，不能让幼儿单独行动，以免发生安全事件；其次，在幼儿洗手时，教师要时刻检查并及时清理地面上的水渍，避免幼儿滑倒；最后，教师要提高自身的安全意识，并时刻关注幼儿的行为，避免让幼儿置身于危险之中。

模块五 拓展训练——知信行合一

角色扮演——幼儿园洗手小剧场

一、训练目的

通过角色扮演活动，深入了解洗手环节的全部流程，深刻体会洗手环节的教师行为规范在实际中的应用，全面认识洗手环节的教育价值。

二、训练步骤

全班学生根据表 4-2 所列的步骤和相应内容完成此次训练活动。

表 4-2　拓展训练步骤表

步骤	内容
学生分组	全班学生每 6～8 人为一组，各组分别选出一位组长
准备物资	各组准备模拟时所需的物品，具体如下 （1）清洁用品：① 幼儿使用的洗手液、肥皂、擦手毛巾或纸巾；② 教师使用的消毒用品和卫生用品（如消毒液、抹布、吸水拖布等） （2）教学用品：洗手步骤图示、洗手歌音频或视频材料
模拟练习	各组自选活动场地，模拟幼儿园洗手环节全部流程。模拟要求如下：① 要确保每位学生都有扮演教师角色的机会，可多次模拟，学生轮流扮演教师；② 扮演教师时，要能用生动有趣的方式引导幼儿洗手，要能够吸引幼儿的注意力并有效传达洗手知识；③ 至少设计一个教师处理洗手环节意外情况的场景；④ 以视频的形式记录模拟练习的过程
总结复盘	模拟结束后，各组对本组的模拟过程进行复盘，总结经验，反思不足（如流程不规范、不能正确处理意外情况等）
分享经验	全班学生组织主题班会，各组轮流播放本组的模拟练习视频。每位学生分享活动感悟

模块六　综合评价——更上一层楼

本项目的学习已告一段落，请同学们按照表4-3中的评价项目和评价标准，以等级评定的方式对自己的学习情况进行评价，并请同伴（"拓展训练"活动中的组长）、教师对自己进行点评。等级评定标准如下："优秀"等级为五颗星，"良好"等级为四颗星，"有待提高"等级为三颗星。

表4-3　考核评价表

评价项目	评价标准	评价等级		
		自己评	同伴评	教师评
知识学习	能够流畅地陈述洗手环节的全部流程，以及每位教师的分工情况			
	能够举例说明洗手环节的教育要点			
	能够简要介绍教师在洗手环节开始前需要做的准备工作			
	能够举例说明教师应如何指导、帮助各年龄段的幼儿完成洗手活动			
	能够简要介绍教师在幼儿洗完手后的具体工作内容及注意事项			
技能掌握	能够独立分析"案例聚焦"中教师存在的不足之处，并提出科学的改进措施			
	在角色扮演中，能够理解不同教师在洗手环节中的职责			
	在角色扮演中，能够用新颖有趣的方式和规范的语言引导幼儿洗手			
素质培养	具有较强的语言表达能力和动手操作能力			
	具有较强的敬业精神			

项目五
喝水环节教师工作行为规范

喝水环节是幼儿园一日活动的重要一环，它直接关系到幼儿的身体健康和一日活动的顺利进行。此外，喝水环节还有助于教师了解幼儿的饮水习惯和自主饮水能力，便于教师为幼儿提供有针对性的指导。

教师应高度重视喝水环节的组织和管理工作，确保幼儿能够随时喝到干净、安全的饮用水。此外，教师还应在喝水环节对幼儿开展健康教育，以培养幼儿的生活自理能力，引导幼儿养成良好的喝水习惯。

模块一 任务概览——事事有条理

喝水环节流程图

第一步：做好喝水前的准备工作 ⟹
（1）为幼儿备水。
（2）整理水杯。
（3）组织幼儿排队。
（4）为幼儿倒水。

第二步：组织幼儿喝水 ⟹
（1）组织幼儿唱与喝水相关的儿歌。
（2）引导幼儿有序取水。
（3）观察幼儿的喝水情况。

第三步：开展喝水后的工作 ⟹
（1）组织幼儿有序放水杯。
（2）清洗水杯。

喝水环节教育要点

①　引导幼儿按照一定的路线取水和放水杯，以培养幼儿的秩序感。

②　培养幼儿独自处理问题的能力，鼓励幼儿自己处理喝水过程中遇到的问题，如擦干洒在桌子上的水。此外，教师还要引导幼儿自己用直饮水机接水。

③　鼓励幼儿在喝水时互相帮助，如帮助不会使用直饮水机的幼儿接水，以发展幼儿的社会交往能力。

④　对幼儿进行健康教育，如告诉幼儿喝白开水的好处，告诫幼儿不能喝生水和烫水，应少喝或不喝饮料。

⑤　对幼儿进行安全教育，如提醒幼儿喝水时不要嬉戏、打闹，以防发生危险。

⑥　鼓励幼儿协助教师完成喝水后的整理工作，以培养幼儿的劳动意识。

模块二　任务准备——细心筹备足

为幼儿备水

在喝水前，保育员要为幼儿准备干净卫生、温度适宜的饮用水。为幼儿备水时，保育员应注意以下几点。

（1）保育员要用干净卫生的水壶盛水，并盖好水壶盖。在盛水前，保育员可将水滴在手背上测试温度，以不烫手背为宜，如图5-1所示。

（2）在前往饮水间的途中，保育员要稳稳地提着水壶，同时要放慢走路的速度，避免把水洒在地上。若遇到幼儿，保育员应稍做停留，并用身体挡住水壶，待幼儿离开后再继续前行。

（3）进入饮水间后，保育员应将水壶放在幼儿碰撞不到的地方。

测水温的方法

图5-1　保育员测试水温

如果幼儿园为幼儿提供的是直饮水机，保育员应提前检查直饮水机能否正常使用，以及直饮水机内是否装有干净且足量的饮用水。

整理水杯

备好水后，保育员要将幼儿的水杯整齐地摆放在方便幼儿取放的位置。

若幼儿园统一为幼儿提供水杯，保育员应先确保一人一杯，再清洗所有水杯，并做好消毒工作。若幼儿自带水杯，保育员应先确保每位幼儿都有水杯，再检查幼儿的水杯是否干净、安全（如无损坏等），如果幼儿当天忘记带水杯，保育员要为幼儿准备备用水杯。

应注意的是，无论是幼儿园统一为幼儿提供水杯，还是要求幼儿自带水杯，保育员都要确保幼儿的水杯专人专用，不可混用。

组织幼儿排队

喝水前，主班教师和配班教师要组织幼儿排队去饮水间。排队时，教师可用有趣的方式提高幼儿喝水的积极性。例如，教师可以对幼儿说："小朋友们，我们的身体就像一辆小汽车，需要加油才能跑得快！我们现在要去给身体'加油'啦。"这种方式会让幼儿感觉喝水是一件有趣又重要的事情，从而爱上喝水。

为幼儿倒水

如果幼儿园没有直饮水机，保育员应在幼儿排队时提前为幼儿倒好水，以便幼儿及时喝到水。保育员为幼儿倒水的规范动作（见图 5-2）如下。

➢ 保育员双手提起水壶，水壶高度以距离桌面 20 厘米为宜。

➢ 保育员依次往水杯中倒入适量的水。通常，保育员应为小班的幼儿倒 1/2 杯水，为中大班的幼儿倒 2/3 杯水。

➢ 倒完水后，保育员将水壶放回指定位置。

图 5-2　保育员为幼儿倒水的规范动作

模块三 任务实施——融会贯通学

教师分工

各司其职

主班教师	配班教师	保育员
• 组织幼儿唱与喝水相关的儿歌。	• 配合主班教师组织幼儿唱与喝水相关的儿歌。	• 配合其他教师引导幼儿有序取水。
• 引导幼儿有序取水。	• 配合主班教师引导幼儿有序取水。	• 观察幼儿的喝水情况。
• 观察幼儿的喝水情况。	• 观察幼儿的喝水情况。	• 指导幼儿在喝水后擦干嘴巴。
• 指导幼儿在喝水后擦干嘴巴。	• 指导幼儿在喝水后擦干嘴巴。	• 配合其他教师组织幼儿有序放水杯。
• 组织幼儿有序放水杯。	• 配合主班教师组织幼儿有序放水杯。	• 及时清理地面上的水渍。
• 组织幼儿排队进入下一个活动场地。	• 配合主班教师组织幼儿排队进入下一个活动场地。	• 清洗水杯。
• 对幼儿进行随机教育。	• 对幼儿进行随机教育。	• 对幼儿进行随机教育。

 ## 组织幼儿喝水

学龄前儿童普遍活泼好动，容易出汗，因此需要及时补充水分。教师要为幼儿制订科学合理的喝水时间表，并在幼儿喝水的过程中培养其良好的喝水习惯。组织幼儿喝水时，三位教师要做好以下工作。

一 组织幼儿唱与喝水相关的儿歌

幼儿进入饮水间后，主班教师和配班教师可以组织幼儿一边打节拍，一边唱与喝水相关的儿歌，以此营造良好的喝水氛围。

教 学 笔 记

与喝水相关的儿歌

一、《喝水歌》

小水杯，手中拿，咕咚咕咚喝水啦。每天多喝白开水，不爱生病乐呵呵。

二、《喝水歌》

小小手，找朋友，杯柄是我的好朋友；握住它，扬起头，咕咚咕咚喝进口；多喝水，少生病，宝宝个个都健康。

二　引导幼儿有序取水

唱完儿歌后，三位教师要互相配合，引导幼儿有序取水。如果幼儿园使用的是直饮水机，教师要组织幼儿排队接水。对于小班的幼儿，教师可以直接帮助幼儿接水；对于中大班的幼儿，教师应告诉幼儿接水的方法，并鼓励幼儿自己接水，必要时给予帮助。在幼儿接水时，教师应提醒幼儿不要接得太满，以免溢出。

待所有幼儿取完水或接完水后，保育员要用抹布擦拭放水杯的桌子，或者用吸水拖布清理地面上的水渍。

三　观察幼儿的喝水情况

在幼儿喝水期间，三位教师要认真观察幼儿的喝水情况。具体来说，教师要重点观察以下几点。

（1）观察幼儿的喝水行为。教师要认真观察幼儿是否存在不良的喝水行为，如喝水过快、打扰他人喝水、喝水时发呆、偷偷地把水倒在地上等。如果有，教师要先引导幼儿正确地喝水，再纠正幼儿的不良喝水行为。

（2）观察幼儿的饮水量。教师要认真观察每位幼儿的饮水量，确保幼儿饮水适量。当幼儿喝完水时，教师可询问其是否需要加水，并根据幼儿的需求为其倒水，或者带领幼儿到直饮水机处接水。

（3）观察是否有意外情况。幼儿在喝水时，常见的意外情况及应对措施包括以下两种：① 幼儿不小心把水洒在地上或身上，对此，教师要及时清理地面，或者为幼儿换上干爽的衣服（也可以用吹风机吹干衣服，注意要把衣服脱下来吹干）；② 幼儿喝水时呛到，对此，教师可轻拍幼儿的后背或胸口，严重时要及时带幼儿前往医院就医。

组织幼儿喝水时的常用规范语

- 请小朋友们离开座位，到×××老师那里排队取水。
- 有需要加水的小朋友要及时告诉老师哦。
- 小朋友们，你们自己接水，好不好呀？
- 小朋友们，喝水的时候要慢一点哦，否则容易呛到。

 幼有善育

喝水环节的随机教育

喝水环节潜藏着许多教育契机，教师要充分挖掘并抓住这些教育契机，适时地对幼儿进行随机教育。具体来说，喝水环节的随机教育体现在以下几个方面。

（1）发展幼儿独立自主的能力。在喝水环节，教师要注意培养幼儿的自理能力，如让幼儿自己取放水杯、自己接水、自己端水、自己擦干嘴巴等。

（2）对幼儿进行健康教育。教师要告诉幼儿喝水对身体的好处，并不断地向幼儿强调不喝生水和烫水、少喝或不喝饮料等与安全饮水和健康饮水相关的知识。

（3）发展幼儿的交往能力。在喝水环节，教师既要鼓励能力强的幼儿主动帮助能力弱的幼儿，如鼓励会使用直饮水机的幼儿指导、帮助不会使用直饮水机的幼儿接水；又要鼓励能力弱的幼儿主动向他人请求帮助，以此提升幼儿的交往能力。

（4）提升幼儿的文明素养。教师要注重在喝水环节培养幼儿的文明行为，如排队取水或放水杯时不随意插队，不干扰他人喝水，不故意把水泼在他人身上，得到帮助时及时说"谢谢"，需要帮助时要说"请"，等等，以此提升幼儿的文明素养。

开展喝水后的工作

幼儿喝完水后，三位教师先指导幼儿用纸巾或小毛巾擦干嘴角的水渍，然后开展喝水后的工作，具体如下。

一 组织幼儿有序放水杯

幼儿喝完水后，主班教师和配班教师组织幼儿排队将水杯放到指定位置。应注意的是，若个别幼儿喝水较慢，教师要耐心地等待幼儿，切忌催促。

二 清洗水杯

待所有幼儿放好水杯后，保育员要逐一清洗水杯。清洗水杯的具体方法如下。

➤ 洗手：保育员用肥皂或洗手液清洗双手，使双手保持干净。

➤ 配制清洗液：先在水盆中倒入适量清水，再根据清水的量加入适量洗洁精，并搅拌均匀。

➤ 浸泡水杯：将水杯放入水盆内浸泡15～20分钟，确保所有水杯都被充分浸泡。

➤ 擦拭水杯：使用专用清洗布或海绵刷，擦拭水杯的杯口、内壁、外壁、杯底和手柄处。

➤ 冲洗：用流动的清水冲洗水杯，确保所有水杯都被冲洗干净。

清洗好水杯后，保育员将水杯控干水分，放入消毒柜中消毒。消毒完成后，保育员用干爽的毛巾将消毒柜中残留的水分擦拭干净，然后将水杯整齐地摆放在水杯桌上。如果水杯没有杯盖，可用纱布把水杯盖上，如图5-3所示。

图 5-3　保育员用纱布盖水杯

 提 示

　　喝水环节结束后，教师通常直接组织幼儿排队进入下一个环节。教师可以利用排队的时间开展简短的过渡活动，如奖励认真喝水的幼儿一个星星形状的贴纸，以激励其他幼儿向其学习。

教 学 笔 记

如何让幼儿爱上喝水

　　为了让幼儿愿意喝水，爱上喝水，教师可以尝试以下方法。

　　（1）创设温馨的喝水环境，营造愉快的喝水氛围。在布置饮水间环境时，教师可以用与喝水相关的连环画、卡通贴纸、喝水打卡表等进行装饰，以营造轻松愉悦的喝水氛围，从而激发幼儿的喝水兴趣，提高幼儿喝水的积极性。

　　（2）利用多种方式让幼儿认识到喝水的重要性。教师可以通过讲故事、做游戏、唱儿歌等方式，让幼儿认识到喝水的重要性，从而养成主动喝水的习惯。

　　（3）适当奖励幼儿。教师可以通过奖励的方法激励幼儿喝水，如给表现好的幼儿发放趣味贴纸、在其手臂上盖卡通形象的印章等。

　　应注意的是，若多次引导后，幼儿依然不愿意喝水，教师不可强迫幼儿，以免引起幼儿的逆反心理。

模块四　案例聚焦——学思用相长

案例一：　滚烫的开水烫伤幼儿

上午户外活动结束后，小一班的幼儿迎来了喝水环节。保育员江老师为幼儿备好开水后，提着水壶前往二楼的饮水间。江老师走到楼梯拐角处时，遇到了正带领幼儿排队下楼洗手的主班教师王老师和配班教师陈老师。江老师一边上楼梯，一边和幼儿打招呼。不料，江老师一脚踏空，虽然人没有摔倒，但其手中的水壶掉在了地上，壶盖飞出，热水四散飞溅，幼儿们因受到惊吓而乱跑。

王老师和陈老师立刻组织幼儿远离地面上的开水，并逐个检查幼儿们有无烫伤，最后发现只有君君被烫伤了。王老师立刻抱着君君前往盥洗间，用冷水冲洗其腿部，陈老师留下来安抚受到惊吓的幼儿，江老师则去拿吸水拖布清理地面。经过冷水冲洗，君君的右腿虽然留下了一个大红印，但没有破皮。江老师为君君涂抹了烫伤膏，并对君君进行了安抚，君君的情绪逐渐稳定下来。

安抚好君君后，王老师立刻联系了君君家长，向其详细地说明了事情的经过。君君家长很快来到幼儿园，看到君君腿上的红印，情绪激动地对小一班的老师说："我现在带孩子去医院，如果孩子的腿上留下疤痕，我一定会追究幼儿园的责任。"事后，小一班的老师和幼儿园园长多次上门道歉，君君家长的态度才有所转变。

教学分析：	教学反思：
这是一起因教师操作不当而引发的安全事件。首先，江老师在提水壶前往饮水间的过程中遇到幼儿，并未按照规定立即停下脚步，并转身用身体挡住水壶，才导致君君被热水烫伤；其次，教师应为幼儿准备温度适宜的饮用水，而江老师准备的是滚烫的开水，这也是导致君君烫伤的原因之一。	幼儿园的喝水环节存在着较多的安全隐患，教师必须明确每一个步骤的操作要求，并严格遵守喝水环节的教师行为规范。此外，幼儿园教师在上岗前，必须接受系统的安全培训，并参加相应的实战演练，以便熟练掌握各项工作的操作流程及要求。

案例二： 适当水温保安全

夏季，幼儿在户外活动时出汗较多，需要补充大量的水分。一天上午，大二班的主班教师林老师带领幼儿在户外开展活动，当时的室外温度达到了30℃。由于天气过热，林老师打算提前结束户外活动，并请配班教师陈老师通知保育员李老师为幼儿准备饮用水。李老师得到消息后，立即去烧水。由于水温较高，李老师打算直接把水倒入统一为幼儿准备的不锈钢水杯中，以便快速降温。李老师为幼儿倒好水后，便离开了饮水间去处理其他事务。随后，林老师和陈老师提前带领幼儿来到饮水间。两位老师看到幼儿的水杯里已经倒好了水，便让幼儿排队取水。排在第一位的宁宁刚端起水杯，就大喊"好烫"，然后把水杯扔在地上，水杯里的开水溅到了排在第二位的西西的手臂上，西西尖叫着大哭起来。陈老师立刻组织其他幼儿远离放水杯的桌子，林老师则上前查看西西的烫伤情况。林老师发现西西的手臂上有几处红印，便立刻带着西西去盥洗间用冷水冲洗。几分钟后，西西的疼痛感得到缓解，此时保健医生也赶到了现场，为西西涂抹了烫伤膏。

随后，林老师立即联系了西西家长，告知其详细情况。尽管林老师表示西西的伤势不严重，不会留下疤痕，但西西家长依然不放心，很快来到了幼儿园。看到西西手臂上的红印时，西西家长十分生气，当面斥责老师没有责任心，同时对老师的工作能力产生了质疑。

教学分析：

这是一起因教师工作失误而引发的安全事件。首先，保育员没有严格按照备水要求为幼儿准备温度适宜的饮用水，导致幼儿被开水烫伤。其次，教师之间的沟通不当也是导致幼儿烫伤的原因之一：① 保育员在离开饮水间时，并未告知另外两位教师饮用水过烫，不能让幼儿直接拿水杯喝水；② 主班教师不仅临时改变了教学计划，而且没有提前通知保育员为幼儿备水，导致保育员来不及为幼儿准备温度适宜的饮用水，最终引发幼儿烫伤事件。最后，主班教师和配班教师缺乏安全意识，在组织幼儿取水前没有先测试水温，导致幼儿被烫伤。

教学反思：

在幼儿园，教师必须严格遵守各项工作的操作要求，必须提高自身的安全意识，必须把幼儿的安全放在第一位。此外，三位教师需要加强沟通，随时交流各环节的工作进展情况和注意事项，以防因沟通不及时而发生安全事件。

模块五　拓展训练——知信行合一

实地观摩——幼儿教师初体验

一、训练目的

通过实践，亲身体验幼儿园喝水活动的组织与实施流程，全面把握不同教师在喝水环节所承担的职责，深刻认识喝水环节的教育价值。

二、训练步骤

全班学生根据表 5-1 所列的步骤和相应内容完成此次训练活动。

表 5-1　拓展训练步骤表

步骤	内容
学生分组	全班学生每 6～8 人为一组，各组分别选出一位组长
前期准备	（1）选择一所合适的幼儿园，如学校的实习基地或学校附近的幼儿园 （2）与幼儿园负责人沟通合作意向，在其同意入园观摩后，双方约定观摩的时间，并详细询问观摩时的注意事项
观摩前沟通	在观摩前，各组先选定一个班级，然后与该班的主班教师、配班教师和保育员进行一次深度沟通，了解三位教师在喝水环节的工作内容和职责，以及在喝水环节常发生的意外情况。沟通时，各组成员要做好记录，以便在观摩时有重点地观察教师的各项工作
实地观察	（1）认真观察教师在喝水环节组织的活动，以及教师对幼儿的教育内容。在观察时，要及时记录自己的疑问，以及优秀的、有创意的组织方式和教学方法；要保持安静，不可打扰幼儿和教师 （2）观察结束后，各组对三位教师进行采访，就观察过程中产生的疑问进行提问，并请教师分享做好喝水环节工作的方法
模拟练习	（1）各组成员轮流扮演教师和幼儿，模拟幼儿园喝水环节的组织与实施，并录制视频。视频的内容应包括喝水环节的全部流程，以及教师处理喝水环节意外情况的场景（至少一个） （2）全班组织"幼儿教师初体验"视频展播活动，各组依次播放本组的模拟视频，其他小组成员认真观看，记录各组模拟视频中的亮点，以及意外情况场景设计的合理性
总结分享	每位学生分享自己在训练活动中的收获，以及对幼儿园喝水环节重要性的认识

模块六 综合评价——更上一层楼

本项目的学习已告一段落，请同学们按照表 5-2 中的评价项目和评价标准，以等级评定的方式对自己的学习情况进行评价，并请同伴（"拓展训练"活动中的组长）、教师对自己进行点评。等级评定标准如下："优秀"等级为五颗星，"良好"等级为四颗星，"有待提高"等级为三颗星。

表 5-2　考核评价表

评价项目	评价标准	评价等级		
		自己评	同伴评	教师评
知识学习	能够流畅地陈述喝水环节的全部流程，以及每位教师的分工情况			
	能够举例说明喝水环节的教育要点			
	能够简要介绍教师在喝水环节开始前需要做的准备工作			
	能够举例说明教师应如何引导幼儿取水			
	能够举例说明教师应如何观察幼儿喝水			
	能够举例介绍教师应如何利用喝水环节对幼儿进行随机教育			
技能掌握	能够独立分析"案例聚焦"中教师存在的不足之处，并提出科学的改进措施			
	在拓展训练中，能够用正确、规范的方式组织喝水活动			
	在拓展训练中，能够正确处理喝水环节的意外情况			
素质培养	具有较强的观察能力和总结能力			
	具有较强的责任心，热爱教育事业			

项目六

餐点环节教师工作行为规范

　　生活即教育，餐点环节不仅关乎着幼儿每日能否摄入充足的营养，还承载着培养幼儿生活自理能力和良好生活习惯的重要使命。

　　教师应加强对餐点环节的管理，为幼儿提供干净卫生、营养丰富的餐点，同时充分挖掘餐点环节所蕴含的教育契机，灵活运用多种方式帮助幼儿提升自主进食的能力和自我服务的能力，并引导其养成饭前洗手、饭后漱口、不挑食、不偏食等良好习惯。

模块一 任务概览——事事有条理

餐点环节流程图

第一步：做好餐前准备工作 ⟹
（1）对餐桌进行消毒。
（2）做好卫生防护工作。
（3）领取餐点和餐具。
（4）检查餐点。
（5）分餐。

第二步：开展餐前活动 ⟹
（1）营造快乐温馨的进餐氛围。
（2）为幼儿介绍餐点。

第三步：组织幼儿进餐 ⟹
（1）分发餐具。
（2）引导幼儿领取餐点。
（3）巡视幼儿的进餐情况。
（4）引导幼儿清理桌面。

第四步：开展餐后活动 ⟹
（1）组织幼儿盥洗。
（2）组织幼儿开展消食活动。

第五步：做好清洁工作 ⟹
（1）清理餐桌。
（2）清洗餐具。
（3）清洁地面。

餐点环节教育要点

1　引导幼儿进行自我服务，如主动领取餐点、饭后主动清理桌面等。

2　指导幼儿正确使用餐具，如筷子、勺子、叉子等。

3　对幼儿进行健康教育。例如，引导幼儿养成饭前洗手、饭后漱口的习惯；提醒幼儿在进餐时学会细嚼慢咽；鼓励幼儿尝试各种食物，让幼儿知道均衡饮食的重要性，避免挑食和偏食。

4　培养幼儿的节约意识，引导幼儿在添饭时做到少量多次，不浪费粮食。

5　引导幼儿学习餐桌礼仪，如保持正确的进餐姿势，吃饭时不大声喧哗、不发出异常声响，等等。

模块二 任务准备——细心筹备足

对餐桌进行消毒

餐前约 30 分钟，保育员应按照标准方法（参照项目一）对所有餐桌进行消毒，为幼儿创设一个干净、卫生的就餐环境。对于中大班的幼儿，教师可以让值日生帮助保育员完成餐桌消毒工作，如图 6-1 所示。

图 6-1　值日生对餐桌进行消毒

做好卫生防护工作

在领取餐点和餐具前，保育员应先做好以下卫生防护工作。

（1）佩戴好头巾、围裙和口罩，做好着装准备。其中，佩戴头巾（见图 6-2）的步骤及规范动作如下：首先，保育员将头巾反面朝上平铺于桌面上；其次，保育员捏住头巾的底边（即带绳子的边）向上翻折 3～5 厘米，然后将头巾的长端放到发际线处，使其盖住额头的碎发；最后，保育员将绳子系于脑后，并整理头巾，使头巾规整地平铺于头顶。图 6-3 所示为做好着装准备的保育员。

（2）按照标准方法（参照项目四）清洗双手，确保双手清洁。

教师着装准备

图 6-2　头巾　　　　　　　　图 6-3　做好着装准备的保育员

领取餐点和餐具

保育员应提前约 15 分钟到食堂领取餐点和餐具。到达食堂后，保育员应先报当日班级实到人数，与相关人员核对确认，然后领取相应数量的餐点和餐具。

取好餐点后，保育员应将盛放餐点的容器盖好盖子，然后小心地将其运回教室，并将其放到幼儿触摸不到的指定位置。

 提 示

> 取餐所用的容器必须带盖子，以防食物在运送途中洒落，或者被空气中的灰尘、细菌、病毒等污染物污染。

检查餐点

领取餐点时，保育员应仔细检查餐点是否新鲜，有无异味、变质等情况，具体的检查要点如表 6-1 所示。若发现并确定餐点异常，保育员立即停止领取餐点，并上报园领导。

表 6-1　餐点检查要点

检查内容		检查要点
早/午/晚餐		食物的色泽、气味是否正常，必要时可以通过品尝的方式查看食物是否有异味
水果类		检查水果表面有无腐烂迹象，是否清洗干净
点心	无外包装类	检查面包、蛋糕等甜品是否新鲜，必要时可以通过品尝的方式查看食物是否变质
	有外包装类	检查食品是否过期，包装袋是否破损或漏气

此外，保育员应特别注意班级中幼儿的食物过敏情况，在检查餐点时，要确保为其提供的食物中不含相应的过敏原，并做好标记。对于少数民族的幼儿，教师也应尊重其饮食习惯和宗教信仰，为其提供合适的餐点。

> 保育员应通过入园档案提前了解班级中幼儿的食物过敏情况，并熟记相应幼儿的姓名及其过敏食物。

分餐

确认餐点无问题后，保育员应根据幼儿的出勤情况和年龄特点为幼儿准备适宜份数和分量的餐点。分餐的规范动作及要点如表6-2所示。

表6-2 分餐的规范动作及要点

分餐项目		规范动作及要点
早/午/晚餐	菜品及主食	保育员一只手拿稳餐盘，另一只手握住勺柄的2/3处，用勺子将各类菜品依次、适量地盛入餐盘格内，最后盛入适量的主食
	粥或汤	一般情况下，小班盛1/3碗，中大班盛2/3碗
水果和点心	水果类	保育员应先为各类水果削（剥）皮，然后将削（剥）好皮的水果平均分成若干等份，并分放至各餐盘中
	点心类	保育员将无外包装类的点心（如蛋糕）平均分成若干等份，并分放至各餐盘中；将有外包装的点心（如牛奶），按袋或盒分放至各餐盘中

保育员在分餐时应注意以下几点：① 不要用手抠、摸身体其他部位；② 不能与他人说话或聊天；③ 应小心操作，以避免餐具掉落或餐点洒落。

对于中大班的幼儿，教师可以让幼儿轮流值日，尝试自主分餐，以增强幼儿的自我服务能力，培养幼儿的责任心。

> 幼儿分餐时，教师应确保分餐环境安全，避免幼儿在分餐过程中发生意外。例如，为幼儿提供适合其使用的分餐餐具，避免餐具过于锋利或沉重；教幼儿使用正确的方法分餐，以避免食物洒落导致幼儿烫伤。
>
> 此外，每位幼儿的发展水平和能力不同，教师要尊重幼儿的个体差异。对于能力较弱的幼儿，教师可以给予其更多的支持和指导，让其逐步参与分餐活动；对于能力较强的幼儿，教师可以给予其更多的挑战和责任，让其在分餐活动中发挥更大的作用。

模块三 任务实施——融会贯通学

教师分工

各司其职

主班教师	配班教师	保育员
• 为幼儿营造温馨的进餐氛围。	• 配合主班教师为幼儿营造温馨的进餐氛围。	• 为幼儿分发餐具。
• 开展轻松愉快的餐前活动。	• 配合主班教师开展轻松愉快的餐前活动。	• 配合其他教师为幼儿营造温馨的进餐氛围。
• 引导幼儿排队领取餐点。	• 配合主班教师引导幼儿排队领取餐点。	• 开展餐后清洁工作。
• 巡视幼儿的进餐情况。	• 巡视幼儿的进餐情况。	• 对幼儿进行随机教育。
• 引导幼儿清理桌面。	• 引导幼儿清理桌面。	
• 组织幼儿开展餐后活动。	• 配合主班教师组织幼儿开展餐后活动。	
• 对幼儿进行随机教育。	• 对幼儿进行随机教育。	

开展餐前活动

在正式开餐前，主班教师和配班教师可以组织幼儿吟唱进餐儿歌、听轻音乐、回顾上午的活动内容、玩安静的游戏等，从而为幼儿营造快乐温馨的进餐氛围。

此外，在开展餐前活动时，教师还应用生动有趣的方式为幼儿介绍当天所吃的餐点及其营养价值，以增强幼儿的食欲，同时让幼儿了解各种食物的营养知识，知道均衡饮食对身体有益，从而培养其不挑食、不偏食的好习惯。

教学笔记

幼儿园进餐儿歌

一、与食物相关的儿歌

（1）大米饭，喷喷香，小朋友，来吃饭。吃得饱，长得好，不让米饭地上掉。

（2）小朋友，在成长，若挑食，缺营养。瓜果菜，都品尝，食五谷，身体棒。

（3）不吃鱼，不吃虾，不吃青菜不吃瓜，天天吃饭吃不下，哎呀呀，长成一根小豆芽。又吃鱼，又吃虾，又吃青菜又吃瓜，样样东西吃得香，娃哈哈，长成一个棒娃娃！

二、与进餐习惯和餐桌礼仪相关的儿歌

（1）进餐前，手洗净，入座时，动作轻。打喷嚏，遮住口，细细嚼，慢慢咽。不挑食，不剩饭，自己吃饭真能干。

（2）左手扶碗，右手拿勺，两腿并好，身体靠前，一口饭一口菜，宝宝吃得真正好。

（3）小小筷子本领大，吃饭夹菜全靠它，我用小手稳稳拿，不乱翻，不敲打，不让饭菜满桌撒。

（4）要做文明好宝宝，就餐礼仪不能少。筷子勺子不乱敲，嬉笑打闹就不好。不挑食来不剩饭，细嚼慢咽肠胃好。餐后收拾少不了，比比谁是好宝宝。

（5）小手绢，四方方，拿起它，擦嘴巴。一二三，左右擦，嘴巴乐得笑哈哈。

组织幼儿进餐

通常，主班教师、配班教师和保育员共同组织幼儿进餐。保育员负责为幼儿分发餐具和餐点，主班教师和配班教师负责组织幼儿排队领取餐具和餐点、巡视幼儿的进餐情况，并引导幼儿文明进餐，促使幼儿养成良好的生活习惯。

一 分发餐具

开餐前，保育员应根据各桌幼儿的人数提前分发餐具和残渣盘。对于中大班的幼儿，教师可以让值日生为大家分发餐具，一名值日生负责清点每桌幼儿人数，其他值日生则负责准备相应数量的筷子、勺子等，并将其分发给每位幼儿。

二 引导幼儿领取餐点

幼儿领取餐点前，教师应组织幼儿排队洗手，引导幼儿养成良好的个人卫生习惯。

洗完手后，教师应组织幼儿排队领取餐点。对于小班的幼儿，教师应指导、协助他们领取餐点；对于中大班的幼儿，教师可以鼓励他们自主领取餐点，以增强幼儿的自我服务能力。

三　巡视幼儿的进餐情况

幼儿开始进餐前，教师应提醒幼儿以正确的坐姿坐好。幼儿开始进餐后，主班教师和配班教师应提醒幼儿一只手扶碗，一只手拿勺（筷子），安静、专心地进餐，并巡视幼儿的进餐情况。表6-3所示为幼儿进餐时的关注要点及处理方法。

表6-3　幼儿进餐时的关注要点及处理方法

关注要点	处理方法
是否存在幼儿需要添饭的情况	当发现幼儿有添饭的需求时，教师应引导其举手示意，主动表达需求。对于小班的幼儿，教师应指导、协助其添饭；对于中大班的幼儿，教师应鼓励其自主、有序添饭。应注意的是，教师应告诉幼儿，在添饭时应做到少量多次，引导其爱惜粮食
是否存在掉（洒）落饭菜的情况	当发现幼儿不小心将食物掉（洒）落在桌面上时，教师应引导幼儿将其放入残渣盘中；当发现幼儿不小心将食物掉（洒）落在地面上时，教师应提醒其他幼儿注意绕过该区域，并及时将其清理干净
是否存在幼儿不会正确使用筷子的情况	对于小班的幼儿，教师应教导其学习正确使用筷子，但不得强求；对于中大班的幼儿，教师应针对个别不会正确使用筷子的幼儿进行单独指导，如图6-4所示
是否存在幼儿挑食或偏食的情况	当发现幼儿存在挑食或偏食的情况时，教师应及时对其进行引导和教育，鼓励幼儿尝试丰富多样的食物，让幼儿了解均衡饮食的重要性
是否存在幼儿嬉戏打闹的情况	当发现幼儿存在嬉戏打闹的情况时，教师应及时制止，并让幼儿知道这种行为的危害
是否存在其他异常情况	当发现威胁幼儿安全的其他异常情况时，如被烫伤、被噎到、被鱼刺卡住喉咙等，教师应立即采取相应的急救措施，并在事后加强对幼儿的安全教育

图6-4　教幼儿正确使用筷子

组织幼儿进餐时的常用规范语

- ×××小朋友，请你清点每桌小朋友的人数。
- ×××小朋友，请你给其他小朋友分发餐具。
- ×××小朋友，请安静等待哦。
- ×××小朋友，请排队领取点心。
- ×××小朋友，请安静认真地吃饭呦。
- ×××小朋友，请细嚼慢咽。
- ×××小朋友，请不要挑食哟，均衡饮食才能身体棒棒！
- 小朋友们，吃饭的时候注意不要将饭菜掉（洒）落在桌面或地面上哦。

四　引导幼儿清理桌面

　　幼儿进餐结束后，教师应引导幼儿在餐后主动清理桌面，将食物残渣倒入垃圾桶内，并将餐具按类别放到指定位置，以培养其自我服务能力。

幼有善育

"食"之有味，"育"之有慧

　　《幼儿园教育指导纲要（试行）》指出，幼儿园必须把促进幼儿的健康放在工作的首位。因此，幼儿园应密切结合幼儿的生活对其进行安全、营养和保健教育，为幼儿的健康保驾护航。在餐点环节，教师可以参考以下方法促进幼儿的健康发展。

开发节气食谱，保健康

　　幼儿体质比较羸弱，对天气变化格外敏感，在季节更替之际非常容易生病或产生其他不适。基于此，教师可以将现代营养学理论与传统的二十四节气保健养生法进行整合，以应季食材为主要材料，开发适合幼儿体质的节气食谱，如立春时带幼儿品尝脆生生的萝卜（"咬春"），秋分时为幼儿提供萝卜生姜水。

定制特殊食谱，护成长

　　为保护特殊体质幼儿的健康，教师可以对其饮食做出有针对性的调整，定制特殊食谱。例如，对于肥胖儿童，教师可以用鸡胸肉替换五花肉，用蔬菜豆腐汤替换排骨汤等。

抓住教育契机，纠习惯

　　偏食是幼儿健康成长的极大障碍，也是家长、教师教育的难点。偏食的原因多种多样，教师可以通过如下方法帮助幼儿改正偏食的不良习惯。

（1）吃饭前，教师可以请幼儿分享当日菜品中各类食物的营养，或者以歌谣、故事等形式让幼儿对即将端上餐桌的饭菜产生兴趣。

（2）吃饭时，教师可以启发幼儿发挥想象，给饭菜取有创意的名字（如为粉蒸肉取名为"黄金小刺猬"），以激发幼儿对食物的兴趣。

（3）平时，教师可以通过阅读绘本、开展趣味科普活动等方式，让幼儿渐渐认识到偏食的害处。

我国饮食文化源远流长、博大精深，是中华传统文化的重要组成部分，蕴含着丰富的历史内涵、人文价值和生活智慧。因此，教师还可以通过制作中华传统美食、开展品尝游戏活动等方式，让幼儿对一些自己不喜欢吃的食物产生兴趣，同时让幼儿感受中华传统文化的魅力，从而激发幼儿热爱中华传统文化的情感，增强幼儿的文化素养和文化自信。

（资料来源：冷云，《以食育丰富童年》，《中国教育报》，2020 年 10 月 18 日，有改动）

 ## 开展餐后活动

 ### 一 组织幼儿盥洗

待大多数幼儿进餐结束后，主班教师和配班教师应组织幼儿排队到盥洗间漱口、洗手（参照项目四），引导幼儿养成良好的卫生习惯。

对于小班的幼儿，教师应为其准备好漱口水（水温 30℃左右，漱口水量约为口杯的 1/5）。主班教师可以一边组织幼儿吟唱漱口儿歌"手拿小水杯，喝口清清水，抬起头，闭着嘴，咕噜咕噜吐出水"，一边为幼儿示范漱口动作——一只手扶着杯柄，一只手扶着杯身，分三次漱口，结束后将水杯放到指定位置。对于中大班的幼儿，教师应引导幼儿自主准备漱口水（水温 30℃左右，漱口水量约为口杯的 1/4），自主漱口，以培养幼儿的自我服务能力。配班教师应引导未漱口的幼儿耐心等待。

组织幼儿盥洗时的常用规范语

- ×××小朋友，请排队等待，我们要准备漱口了。
- ×××小朋友，请找到自己的水杯，依次排队漱口。
- 小朋友们，我们一起吟唱漱口儿歌吧。
- ×××小朋友，请认真漱口，我们要做个爱干净、讲卫生的好孩子。

二　组织幼儿开展消食活动

幼儿盥洗结束后，主班教师和配班教师应根据季节组织幼儿开展适宜的消食活动，如散步（天气恶劣时可安排幼儿在室内散步）、为自然角的植物浇水等，以帮助幼儿更好地消化食物，培养幼儿的健康意识，促使幼儿养成良好的生活习惯。应注意的是，教师应提醒幼儿不能在餐后做剧烈运动或过度兴奋。

做好清洁工作

餐后的清洁工作由保育员负责。保育员应认真细致地做好清洁工作，为幼儿创造一个干净整洁的环境。餐后的清洁工作主要包括以下几项。

清理餐桌上的油污

一　清理餐桌

清理餐桌（见图 6-5）的步骤及规范动作如下。

➢ 保育员用干燥的毛巾将桌面上的食物残渣清理到垃圾桶内。

➢ 保育员用经洗洁精搓洗过的毛巾清理桌面和桌子边缘上的油污。

➢ 保育员用干净的毛巾将桌面和桌子边缘擦拭干净。

在清理餐桌的过程中，保育员应及时对毛巾进行涮洗，以保证清洁效果。待所有餐桌清理完毕后，保育员应将相关用品放回指定位置。

图 6-5　清理餐桌

二　清洗餐具

清洗餐具（见图 6-6）的步骤及规范动作如下。

➢ 接水、放洗洁精：保育员将清洗盆放入水槽内，在清洗盆内注入 1/3～1/2 的清水，倒入适量洗洁精并搅拌均匀。

➢ 清洗餐具：① 保育员将幼儿送回的餐盘及碗内的食物残渣倒入垃圾桶内，然后将餐盘、碗、勺子和筷子放到清洗盆内；② 保育员按照一定顺序依次擦洗所有餐具内外侧表面的油污；③ 擦洗完毕后，保育员用流动的水依次对餐具进行冲洗，并将冲洗干净的餐具放到指定位置。

图 6-6　清洗餐具

> 清理台面：待餐具清洗完毕并放到指定位置后，保育员清理台面，并将水槽中的残渣倒入垃圾桶内。

三 清洁地面

清洁地面的步骤及规范动作如下。

> 保育员用扫帚按照从里至外的顺序清扫教室的地面，如图6-7所示。在此过程中，保育员应特别留意容易积聚灰尘和垃圾的角落。

清洁地面

> 保育员用蘸取清洁液的拖布按照从上到下的顺序清理教室的地面，再用干燥的拖布对地面进行清理，如图6-8所示。

> 保育员用蘸取清水的拖布按照从前至后的顺序清理教室的地面。

在拖地的过程中，保育员要及时涮洗拖布，以确保清洁效果。

此外，在扫地和拖地时，保育员应提醒幼儿在安全的区域内活动，不要随意在教室跑动，以免受伤。

图6-7 正在扫地的保育员

图6-8 正在拖地的保育员

模块四 案例聚焦——学思用相长

案例一： 小小肉丸，险酿大祸

午餐时，小二班的主班教师李老师和配班教师张老师正在组织幼儿们排队领取午餐。有一部分幼儿领到午餐后，李老师引导他们坐到餐桌旁开始就餐，并巡视他们的就餐情况，张老师则继续引导其他幼儿排队取餐。正在这时，李老师被园长叫去处理一项紧急事务。事发突然，李老师在离开幼儿就餐区域时忘记向张老师说明情况。

然而，这个小疏忽差点酿成大祸。小二班有些幼儿还没有养成良好的就餐习惯，平时巡视幼儿的进餐情况时，李老师总是耐心地提醒他们要细嚼慢咽，不要边吃边玩。然而，今天在李老师出去期间，小明仍和平时一样，进餐时表现得迫不及待，吃肉丸时没有充分咀嚼就急忙吞咽，结果喉咙被卡住了。突然，小明感觉呼吸困难，然后开始剧烈咳嗽，小明周围的幼儿注意到了小明的异常，但都不知如何是好，只能焦急地围在小明周围。

幸好张老师及时发现了这一状况，立刻上前实施海姆立克急救法。一分钟后，小明喉咙里卡住的食物终于排出来了。虽然危险解除了，但是小二班的小朋友们都吓坏了，特别是小明，张老师安抚了好久，小明的情绪才有所缓解。

园长得知此事后，立即组织了一次关于餐点环节安全管理的紧急会议，重申了教师在这一时段内巡视和监管的重要性。李老师在会上深刻反思了自己的不足，在会后向小明家长说明了情况，并表示了歉意。这次事件为幼儿园的全体教职工敲响了警钟，使幼儿园的全体教师都更为深刻地认识到，无论多忙，都不能忽视幼儿的安全。

教学分析：

案例中，李老师因紧急事务离开幼儿就餐区域时忘记向张老师说明情况，致使没有教师巡视幼儿的进餐情况，这才出现了小明被噎到的惊险一幕。幸好张老师及时发现并采用正确的方法对小明进行急救，否则后果不堪设想。

教学反思：

主班教师应加强对幼儿进餐情况的巡视和安全监管；若因紧急事件不得不离开幼儿进餐区域，应及时向其他教师说明情况，确保幼儿进餐时有人在场。同时，教师平时应加强对幼儿的安全教育，让幼儿掌握基本的急救知识，如发现同伴出现异常情况时，应大声呼救等。

案例二： 健脑的核桃也有伤人的一面

午餐时间到了，小二班的教室里弥漫着饭菜的香气。主班教师郑老师笑容满面地为幼儿们介绍着当天丰富多样的菜品，尤其隆重介绍了那道色泽诱人的核桃炒虾仁。领到餐后，幼儿们看着眼前香喷喷的饭菜，一个个都迫不及待地拿起餐具，津津有味地吃了起来。

过了一会儿，原本安静的进餐氛围被烁烁的声音打破。"老师，我嘴上有点痒。"烁烁一边说一边用双手不停地挠嘴部四周。郑老师听到烁烁的呼喊后，立刻放下手中的事情，快步走到烁烁身边了解情况。郑老师观察后发现，烁烁的面部和颈部都出现了红斑。郑老师心里一紧，连忙解开烁烁的衣服查看，果不其然，烁烁的身上也有块状红斑。这时，经验丰富的郑老师意识到烁烁可能出现了过敏反应。

郑老师不敢有丝毫耽搁，迅速给烁烁家长打电话说明此事。烁烁家长听到午餐中有核桃后，语气瞬间变得急促起来，连忙告诉郑老师烁烁对核桃过敏，并急切地委托幼儿园先将烁烁送往医院就诊，自己会马上赶过去。

幼儿园立刻启动应急预案，安排专人护送烁烁前往医院。一路上，护送烁烁的李老师十分担心，不停地观察烁烁的状况。到达医院后，医生迅速展开抗过敏治疗。经过紧张的诊断和治疗，烁烁的情况终于稳定下来。李老师这才长舒一口气，一直紧绷的神经也慢慢放松下来。

事后，烁烁家长来到幼儿园，满脸懊悔地表示，没有及时将烁烁新增的过敏原告知郑老师，差点酿成大祸。郑老师则温柔地安慰着家长，同时再次提醒家长，一定要做好家园沟通，共同为孩子的健康成长保驾护航。

教学分析：

案例中，烁烁家长没有及时告知教师烁烁的新增过敏原，导致教师在不知情的情况下让烁烁吃下了核桃。幸好烁烁及时将自己不舒服的情况告诉了郑老师，且郑老师也迅速做出了正确的判断，采取了正确的处理方法，这才避免了更严重后果的发生。

教学反思：

教师应熟记班级内每位过敏体质幼儿的名字，当园内推出新点心或新菜品时，教师应提前和这些幼儿的家长沟通，确认没有问题后再让幼儿食用。同时，教师应提醒家长及时告知自己幼儿的特殊情况，并做好记录，以免发生不必要的安全事件。

模块五 拓展训练——知信行合一

技能大赛——"守护幼儿健康，我们在行动"情景演绎

一、训练目的

通过参加技能大赛，深刻体悟餐点环节对幼儿健康的重要意义，明晰餐点环节所蕴含的教育契机，进而明确在未来工作中应如何为幼儿的健康成长保驾护航。

二、训练步骤

全班学生根据表6-4所列的步骤和相关内容完成此次训练活动。

表6-4　拓展训练步骤表

步骤	内容
学生分组	全班学生每4~6人为一组，各组分别选出一位组长
比赛筹备	（1）班委共同商讨，围绕比赛主题"守护幼儿健康，我们在行动"确定比赛项目、比赛规则和比赛奖项，并准备相应的道具 提示：① 可围绕餐点环节的各个要点设定比赛项目，如餐前准备规范操作、开展餐前活动和餐后活动、巡视幼儿的进餐情况等；② 比赛规则应明确详细的得分点（如操作熟练度、问题解决能力、团队协作情况、创新能力、现场表现力等）及得分占比；③ 比赛奖项可设置最佳操作奖（奖励在比赛中行为最规范的小组）、最佳创新奖（奖励在比赛中能利用有创意的方法解决问题的小组）、优秀团队奖（奖励在比赛中团队协作出色的小组）等。 （2）各组提前为比赛做好准备
进行比赛	由教师担任比赛评委，并参照如下流程开展比赛 （1）各组以抽签的方式选取参赛项目 （2）各组轮流进行现场展示，并回答评委的现场提问 比赛时，各组应注意以下几点：① 着装整洁、正式、得体，精神面貌良好；② 声音洪亮、举止大方。评委应根据每组的表现，客观公正地进行评分
奖项颁发	评委根据各组的得分颁发相应的奖项，并对各组的表现进行点评
分享交流	各组分享比赛心得，并探讨、交流如何把优秀经验运用到日后的实际工作当中

模块六　综合评价——更上一层楼

本项目的学习已告一段落，请同学们按照表6-5中的评价项目和评价标准，以等级评定的方式对自己的学习情况进行评价，并请同伴（"拓展训练"活动中的组长）、教师对自己进行点评。等级评定标准如下："优秀"等级为五颗星，"良好"等级为四颗星，"有待提高"等级为三颗星。

表6-5　考核评价表

评价项目	评价标准	评价等级		
		自己评	同伴评	教师评
知识学习	能够流畅地陈述餐点环节的全部流程，以及每位教师的分工情况			
	能够举例说明餐点环节的教育要点			
	能够简要概括教师在餐点环节需要做的准备工作			
	能够简要阐述教师组织幼儿进餐的工作要点			
	能够举例说明教师应如何开展餐前活动和餐后活动			
	能够简要概括餐后清洁工作的内容和操作要点			
技能掌握	能够独立分析"案例聚焦"中教师存在的不足之处，并提出合理的改进建议			
	积极参与拓展训练，且能够在技能大赛中灵活运用所学知识			
	在拓展训练中，能够灵活应对餐点环节的突发情况			
素质培养	具备较强的团队精神和协作能力			
	具有较强的创新能力，能够将中华优秀传统文化融入幼儿教育中			

项目七
午休环节教师工作行为规范

　　午休环节是幼儿园一日活动的重要环节，对幼儿的健康成长具有重要作用。规范的午休流程、良好的午休环境、科学的午休管理制度，不仅能够让幼儿得到充分的休息，还有助于幼儿养成良好的睡眠习惯。

　　在午休环节，教师应明确针对不同年龄段幼儿的教育内容，抓住午休前和午休后的教育机会，对幼儿进行教育，充分发挥午休在幼儿成长和发展中的重要作用。

模块一　任务概览——事事有条理

🍀 午休环节流程图

 第一步：做好午休前的准备工作 ⇨
- （1）组织幼儿如厕。
- （2）为有需要的幼儿喂药。
- （3）营造舒适的睡眠环境。
- （4）进行午间检查。

第二步：组织幼儿午休 ⇨
- （1）指导、协助幼儿脱下并叠放衣物。
- （2）哄幼儿入睡。
- （3）维护午休秩序。

第三步：做好午休管理工作 ⇨
- （1）巡视幼儿的午睡情况。
- （2）处理突发情况。

第四步：组织幼儿起床 ⇨
- （1）用音乐唤醒幼儿。
- （2）指导、协助幼儿穿戴衣物。
- （3）为幼儿梳头发。
- （4）组织幼儿盥洗。

第五步：做好起床后的工作 ⇨
- （1）整理床铺。
- （2）打扫午休室。

第六步：度过过渡环节 ⇨ 组织幼儿开展过渡环节的活动。

🌸 午休环节教育要点

① 鼓励幼儿自主穿脱衣物和叠放衣物，引导幼儿在起床后主动整理床铺，培养幼儿的生活自理能力。

② 对幼儿进行安全教育，如提醒幼儿不要携带可能引发窒息的小物品，不可嬉戏、打闹、在床上乱蹦乱跳等，以防发生危险。

③ 对幼儿进行文明礼仪教育，提醒幼儿不要大声喧哗，以防打扰他人休息。

④ 引导幼儿按时午睡、按时起床，培养幼儿规律作息的好习惯。

组织幼儿如厕

午休前，主班教师和配班教师共同组织幼儿排队如厕。如厕的具体步骤及方法详见项目三。

为有需要的幼儿喂药

配班教师查看《晨间检查记录表》中记录的当天有服药需求的幼儿名单，并核对幼儿应服用的药品及服药说明；保育员为有服药需求的幼儿准备水杯和温开水，根据《晨间检查记录表》中的服药说明给幼儿喂药，并观察幼儿服药后的情况，及时做好记录。

营造舒适的睡眠环境

为了给幼儿营造一个安静、舒适的睡眠环境，配班教师应协助保育员做好以下工作。

抬床

抬床（见图7-1）的步骤及规范动作如下。

➢ 抬床前，配班教师与保育员分别站于床头、床尾。

➢ 抬床时，两位教师惯用手在上，用虎口卡住床头、床尾的中间位置，轻轻地将床抬起，然后用另一只手托住床底。

➢ 两位教师将床平稳地抬至指定位置，然后单膝蹲下，将床轻轻地放置在地面上。

抬床

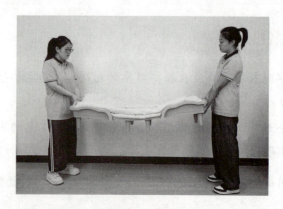

图7-1 抬床

安排床铺时，教师应注意以下几点：① 根据幼儿的体质，合理安排床铺的位置，如将体质差的幼儿的床铺安排在远离窗口、门口的位置，以免其受凉；② 应将易尿床和当天生病幼儿的床铺安排在一起，便于教师在午休值班期间照看；③ 应将好动或入睡慢的幼儿的床铺分开安排，避免其相互影响；④ 检查床铺是否整洁，被褥是否适合当前季节。

二　检查床铺

检查床铺的步骤及规范动作如下。

> 首先，教师单膝蹲下，把枕头置于床尾。
> 其次，教师把被子对折并放置于床尾，用双手按压褥子，检查褥子内有无异物。
> 然后，教师把褥子对折，用双手按压床板，检查床板有无断裂或床钉突出等情况。
> 接着，教师按以上规范动作对另一半被褥、床板进行检查。
> 最后，教师把被子和褥子展平。

检查床铺

三　关窗户、拉窗帘

首先，教师应关闭敞开的窗户，在非恶劣的天气情况下，可以留出15～20厘米的缝隙进行通风，但要关闭纱窗，以防蚊虫飞入室内。接着，教师应解开窗帘扣，将窗帘拉上。

四　调试空调

配班教师将空调调至适宜的温度（夏天以25～27℃为宜，冬天以18～22℃为宜），以防幼儿过冷或过热。

进行午间检查

午休前的午间检查是确保幼儿安全的重要环节，通常由主班教师负责。幼儿园午间检查的项目及要求如表7-1所示。

表7-1　幼儿园午间检查的项目及要求

项目	检查要求
身体状况	观察幼儿的精神状态是否良好
	询问幼儿是否有头痛、肚子痛、肚子撑胀、发热等身体不适的情况
个人卫生	检查幼儿的双手是否干净
	检查幼儿的口腔是否有异物，如图7-2所示
其他	检查幼儿是否携带糖果、玩具零部件、小珠子、剪刀、美工刀等物品

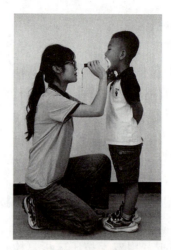

图 7-2　口腔检查

午休准备工作中的常用规范语

- ×××老师，十分钟后我们组织幼儿如厕，准备午休。
- ×××小朋友，如果身体不舒服就告诉老师，老师可以帮助你哦！
- ×××小朋友，你现在感觉冷不冷／热不热？

模块三　任务实施——融会贯通学

教师分工

各司其职

主班教师	配班教师	保育员
● 指导、协助幼儿穿脱衣物。	● 配合主班教师指导、协助幼儿穿脱衣物。	● 配合其他教师指导、协助幼儿穿脱衣物。
● 维护午休秩序，并对幼儿进行安全教育。	● 配合主班教师维护午休秩序，并对幼儿进行安全教育。	● 定时巡视幼儿的午睡情况。
● 定时巡视幼儿的午睡情况。	● 定时巡视幼儿的午睡情况。	● 配合其他教师处理突发情况。
● 及时处理突发情况，及时上报并告知家长。	● 配合主班教师处理突发情况。	● 组织幼儿盥洗。
● 为幼儿梳头发。	● 组织幼儿盥洗。	● 整理午休室物品，打扫午休室。
● 组织幼儿盥洗。	● 协助保育员整理午休室物品。	
● 带领幼儿快乐地度过过渡环节。	● 配合主班教师组织过渡环节的活动。	

❀ 组织幼儿午休

在组织幼儿午休时，主班教师、配班教师和保育员应先指导、协助幼儿脱下并叠放衣物，再哄幼儿入睡。其间，三位教师还要维护午休秩序。

一　指导、协助幼儿脱下并叠放衣物

通常，主班教师、配班教师和保育员应先引导幼儿找到自己的床铺，然后指导、协助幼儿脱下并叠放衣物。在此过程中，教师应向幼儿解释为什么午休时要脱下衣物，如穿着舒适的衣服入睡，能够更好地休息。

对于小班的幼儿，教师可以一边为幼儿讲解，一边帮助幼儿脱下衣物并叠放整齐；对于中大班的幼儿，教师可以鼓励他们自己脱下衣物并叠放整齐，必要时给予帮助。教师协助幼儿脱下并叠放衣物的步骤及规范动作如下。

1. 脱鞋子

脱鞋子的步骤及规范动作如下。

➤ 教师引导幼儿坐在床尾处。

➤ 教师单膝蹲下，用惯用手握住幼儿的脚踝，用另一只手握住幼儿的鞋后跟，轻轻地为其脱下鞋子。

➤ 教师将脱下的鞋子按照鞋尖朝外、鞋跟紧靠床尾的方式摆放。

2. 脱裤（裙）子

脱裤（裙）子的步骤及规范动作如下。

➤ 教师引导幼儿跪立在床上，并在幼儿一侧的靠后位置单膝蹲下。

➤ 教师将双手放在幼儿的裤（裙）腰两侧，然后将裤腰向下推至膝盖下方。如果幼儿身穿半身裙，教师将裙腰推至双脚脚踝处，直接脱下即可。

➤ 教师引导幼儿坐在床上，用惯用手轻轻地抓住幼儿的一条腿并抬起，用另一只手捏住裤脚轻轻地向外拉，直至裤腿脱下。教师以同样的方式为幼儿脱下另一条裤腿。

➤ 待裤子完全脱下后，教师应用被子盖住幼儿的双腿，以防幼儿着凉，如图7-3所示。

图 7-3　脱裤子

3. 脱上衣

幼儿上衣的种类较多，根据穿脱方式的不同，可分为开衫和套头衫两类。下面分别介绍开衫和套头衫的脱法。

脱上衣

（1）脱开衫的步骤及规范动作如下。

➤ 教师单膝蹲于幼儿的一侧。

➤ 教师将幼儿开衫上的拉链拉开，或者按照从上至下的顺序依次解开幼儿开衫上的扣子。

➤ 教师先用双手握住幼儿开衫的前襟，向两侧打开并脱至手肘处；然后用一只手轻轻地握住幼儿的一侧腋下，用另一只手捏住衣袖并轻轻地脱下。教师以同样的方式帮助幼儿脱下另一侧衣袖。

➤ 待开衫脱下后，教师引导幼儿躺下并为其盖好被子。

（2）脱套头衫的步骤及规范动作如下。

➤ 教师单膝蹲于幼儿的一侧。

➤ 教师先把左手从幼儿衣服的下摆处伸进幼儿的左侧衣袖，再用右手轻轻地握住幼儿的左小臂并抬起，然后捏住幼儿的左侧衣袖向外拉，并引导幼儿抽出手臂。教师以同样的方式帮助幼儿脱下右侧衣袖。

➤ 教师用双手抓住衣服下摆向上卷至幼儿颈部，轻轻地将衣领从幼儿的头部脱出。

➤ 待衣服脱下后，教师引导幼儿躺下并为其盖好被子。

4. 叠放衣服

（1）叠开衫的步骤及规范动作如下。

➤ 教师用双手捏住开衫两侧的衣肩轻抖 3 下，然后将开衫的正面朝上，平铺于床上（下摆朝向自己）。

➤ 教师先将开衫的扣子扣上，接着将开衫背面朝上并平铺于床上，再将开衫两侧的袖子沿袖窿（即袖子与衣身的连接处）依次折叠，然后用双手捏住开衫两侧的衣肩，沿腰围线折叠，使衣领与下摆对齐。

叠衣服

➤ 教师将叠好的开衫放在床尾处。

（2）叠裤（裙）子的步骤及规范动作如下。

➤ 教师先用双手捏住裤（裙）腰两侧轻抖 3 下，将裤（裙）子正面朝上，平铺于床上。

➤ 教师捏住一侧的裤（裙）腰和裤脚（裙边）向另一侧对折，然后沿裤（裙）子的 1/2 处将裤脚（裙边）与裤（裙）腰对折，使裤脚（裙边）与裤（裙）腰对齐。

➤ 教师将叠好的裤（裙）子放在床尾处。图 7-4 所示为叠裤子。

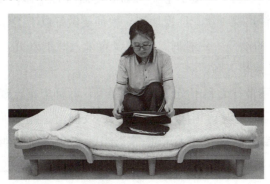

图 7-4　叠裤子

二 哄幼儿入睡

待所有幼儿上床躺好后，教师可以采用讲故事、唱儿歌等方式哄幼儿入睡。对于无法自主入睡或入睡困难的幼儿，教师应给予更多的关注和帮助。此外，教师应允许部分幼儿抱着依恋物入睡，以缓解幼儿的焦虑情绪，使其更容易入睡。应注意的是，教师应有意识地培养幼儿自主入睡的能力。

三 维护午休秩序

在午休环节，教师要维护好午休秩序，严禁幼儿大声喧哗，以防打扰他人休息；严禁幼儿嬉戏、打闹、在床上乱蹦乱跳等，以防发生危险。

指导、协助幼儿脱叠衣物的常用规范语

- ×××小朋友，请把鞋子脱了，将鞋尖朝外，鞋跟紧靠床尾摆放。
- 小朋友们，请将上衣（裤子）脱下并叠放好，需要老师帮助的小朋友请举手。
- 请叠放好衣物的小朋友躺下并盖好被子。

做好午休管理工作

幼儿园午休期间的管理工作对于保障幼儿的安全、培养幼儿良好的午休习惯具有重要意义。通常，午休期间的管理工作由主班教师、配班教师和保育员共同负责，工作内容主要包括巡视幼儿的午睡情况和处理突发情况两项。

一 巡视幼儿的午睡情况

幼儿午睡期间，教师不得擅离工作岗位，不得做与工作无关的事情，如玩手机、看书（报）、聊天、吃东西、打瞌睡等。教师应做好定时巡视工作，观察幼儿的午睡情况。通常，教师应每10分钟巡视一次。巡视期间，教师要做好以下工作。

（1）安抚未入睡的幼儿。巡视时，若发现有未入睡的幼儿，教师可以采用语言暗示、轻拍等方式让幼儿尽快入睡。

（2）纠正幼儿的不良行为和不当睡姿。巡视时，教师应重点观察幼儿的行为和睡姿，若发现幼儿有用被子蒙头、咬被角、吸吮手指等不良行为，以及趴睡、蜷缩着身子睡等不当睡姿，应及时纠正。若在纠正过程中不小心弄醒幼儿，教师应安抚幼儿，并为其盖好被子。

巡视幼儿的午睡情况

（3）为幼儿调整被子。巡视时，教师应仔细查看幼儿是否盖好被子，并根据季节为幼儿调整被子。例如，冬季时，教师可以将被子拉至幼儿肩部；夏季时，教师将被子拉至幼儿腋下即可。

（4）提醒常尿床的幼儿及时如厕。巡视时，教师应多关注常尿床的幼儿。教师可在恰当的时间轻轻地唤醒幼儿，询问其有无便意。若幼儿有便意，教师应带其去如厕。待幼儿如厕结束回到午休室后，教师应继续安抚幼儿午睡。应注意的是，在上述过程中，教师和幼儿的动作要轻、声音要低，以免打扰其他幼儿。

（5）多关注生病的幼儿。巡视时，教师应特别关注生病幼儿的脸色、呼吸、体温等是否正常。若发现幼儿有异常，如脸色发青、呼吸急促、体温升高等，教师应及时采取措施，避免幼儿的病情加重。

二 处理突发情况

及时处理午休环节的突发情况是保障幼儿安全和健康的关键，因此，教师应掌握常用的急救知识和技能，并做好应急预案，以便在面对突发情况时能够及时、果断、恰当地处理。巡视时，教师可能遇到的突发情况及其处理方法如下。

1. 咳嗽

若发现幼儿连续地咳嗽，教师应迅速来到幼儿身旁，先将幼儿轻轻地扶坐起来，并用被子裹住幼儿的背部，再伸出惯用手呈空心状，从下至上轻拍幼儿的背部。在幼儿停止咳嗽后，教师可以喂幼儿喝适量的温水，并观察幼儿的情况。

2. 发烧

若发现幼儿有发烧的迹象，教师应按照如下步骤进行处理。

物理降温的方法

➤ 首先，教师应用体温计为幼儿测量体温。若幼儿的体温达到37.5℃以上，主班教师应及时上报，并通知家长。

➤ 其次，教师应对幼儿进行物理降温（见图7-5）：松开幼儿的衣领，用温热的毛巾擦拭幼儿的额头、脖子、腋下、手肘内侧、掌心和大腿内侧，然后清洗毛巾，将毛巾敷在幼儿的额头，或者在幼儿的额头、颈部两侧等部位贴上退热贴。

➤ 最后，教师应喂幼儿喝适量的温水，并等待家长的到来。

在等待家长的过程中，教师应定时监测幼儿的体温，并观察降温效果。若幼儿的体温持续上升或出现其他症状，教师应立即联系家长并与之协商是否送幼儿前往医院就医。

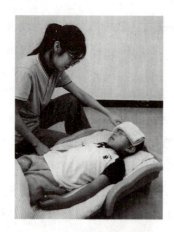

图 7-5　对幼儿进行物理降温

3．呕吐

若发现幼儿呕吐，教师应先用纸巾擦拭幼儿嘴巴、身上和衣服上的呕吐物，再用擦脸毛巾仔细擦拭一遍。擦拭干净后，教师应为幼儿换上干净的衣服，并带幼儿去盥洗间漱口。

如果床单和被褥上有呕吐物，保育员应为幼儿换上干净的床单和被褥，并清洗被弄脏的床单和被褥。

4．惊厥

若幼儿突发惊厥，教师应立刻进行急救处理，具体方法如下：掀开幼儿的被子，松开幼儿的衣领，使其呼吸道保持通畅；让幼儿保持右侧卧位，以防其呕吐时因误吸呕吐物而窒息。当幼儿惊厥停止后，教师应尽快将其送往医院就医。与此同时，其他教师应及时上报园领导并通知家长。

5．排便在床

若发现幼儿尿床或拉裤子，教师应先脱掉幼儿的裤子，再用纸巾简单擦拭幼儿身上的大（小）便，然后用被子包裹住幼儿的身体，将其带到盥洗间清洗屁股。清洗干净后，教师应为幼儿换上干净的裤子。

与此同时，保育员应为幼儿换上干净的床单和被褥，并为幼儿清洗被弄脏的衣服、床单和被褥。

处理午休突发情况的常用规范语

- ◖ ×××小朋友，坐起来喝点水吧！
- ◖ ×××小朋友，老师给你量一下体温，好吗？
- ◖ ×××小朋友，别怕，老师会陪着你的。
- ◖ ×××小朋友，别担心，老师帮你清洗干净。

教学笔记

午休环节的安全隐患与急救措施

《幼儿园教育指导纲要（试行）》明确指出："幼儿园必须把保护幼儿的生命和促进幼儿的健康放在工作的首位。"可见，保护幼儿安全是教师一日工作的重中之重。在午休环节，有可能存在幼儿的鼻腔、喉、呼吸道、气管等部位吸入异物，或者有异物进入幼儿的外耳道等安全隐患，对此，教师应立即采取相应措施对幼儿展开急救。

1. 鼻腔吸入异物的急救措施

当幼儿的鼻腔吸入异物时，教师应立即让幼儿用手压住无异物的鼻孔，并用力擤鼻，将异物排出。如果使用上述方法无法排出异物，教师应及时将幼儿送往医院就医。

2. 喉、呼吸道、气管等部位吸入异物的急救措施

当幼儿的喉、呼吸道、气管等部位吸入异物时，教师可以采用"海姆立克急救法"对幼儿进行急救。其操作方法如下：教师站在幼儿身后，用双臂环抱住幼儿的腰腹部；一只手握拳，拳心朝内放在幼儿肚脐和肋骨之间，另一只手放在拳头上并握住拳头，向内向上用力冲击，反复实施，直至异物排出。

3. 外耳道进入异物的急救措施

如果有昆虫进入幼儿的外耳道，教师可以用灯光对准其外耳道口，待昆虫自行爬出，切忌不能使用尖锐的物品挖取耳道内的异物，以免损伤鼓膜。

（资料来源：合肥市宿州路幼儿园教育集团，《午睡安全小常识》，合肥市宿州路幼儿园教育集团微信公众号，2024年4月20日，有改动）

组织幼儿起床

午休结束后，主班教师、配班教师和保育员应共同组织幼儿起床，其工作内容通常包括用音乐唤醒幼儿，指导、协助幼儿穿衣物，为幼儿梳头发三项。

一 用音乐唤醒幼儿

午休结束后，教师可以通过播放旋律优美、节奏欢快的音乐（如《你笑起来真好看》）来唤醒幼儿，提高幼儿的起床效率。应注意的是，教师在选择音乐时，应确保音乐内容积极向上，适合幼儿的年龄特点。

二 指导、协助幼儿穿衣物

待幼儿被唤醒后，主班教师、配班教师和保育员应共同指导、协助幼儿穿衣起床。对于小班的幼儿，教师可以一边为幼儿讲解，一边帮助幼儿穿衣物；对于中大班的幼儿，教师可以鼓励他们自主穿衣物，必要时再给予相应的帮助。指导、协助幼儿穿衣物，可以提升幼儿的自理能力，培养幼儿的独立性。教师协助幼儿穿衣物的步骤及规范动作如下。

指导、协助幼儿穿衣物

1. 穿上衣

（1）穿开衫的步骤及规范动作如下。

➢ 教师单膝蹲于幼儿的一侧，将开衫披在幼儿的背部。

➢ 教师先引导幼儿捏住内衣的袖口；再用惯用手轻握幼儿的左手手腕并将其送入袖子里；然后引导幼儿伸出左手；最后帮其整理衣袖。教师以同样的方式帮助幼儿穿右侧衣袖。

➢ 教师将衣服下摆对齐，然后拉上拉链，或者按照从下至上的顺序依次扣好扣子，如图 7-6 所示。

➢ 教师为幼儿整理衣服。

（2）穿套头衫的步骤及规范动作如下。

➢ 教师单膝蹲于幼儿的一侧，用双手将衣服下摆卷至衣领处，然后将衣领套入幼儿的头部。

➢ 教师一只手握住幼儿手腕，另一只手向下拉幼儿内衣的一只衣袖，并引导幼儿捏住内衣袖口；然后用惯用手撑开套头衫衣袖，另一只手握住幼儿手肘，将其向上送入套头衫衣袖里，并引导幼儿伸出手臂；最后帮幼儿整理衣袖。教师以同样的方式为幼儿穿另一侧衣袖。

➢ 教师为幼儿整理衣服。

2. 穿裤（裙）子

穿裤（裙）子的步骤及规范动作如下。

➢ 教师单膝蹲于幼儿的一侧，轻轻地掀开被子，让幼儿露出双腿。

➢ 教师用双手撑开裤（裙）腰，引导幼儿先把双腿伸进相应的裤腿（裙）内，然后把脚从裤腿（裙摆）中伸出来，如图 7-7 所示。待幼儿露出双脚后，教师引导幼儿跪立在床上，然后用双手抓住裤（裙）腰往上提至腰部。

➢ 教师为幼儿整理裤（裙）子。

图 7-6　为幼儿穿衣服、扣纽扣

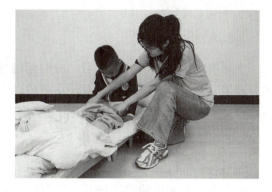

图 7-7　为幼儿穿裤子

3. 穿鞋子

穿鞋子的步骤及规范动作如下。

➢ 教师引导幼儿坐在床尾处，面向幼儿单膝蹲下。

➢ 教师先摆好鞋子；再用惯用手握住幼儿的右脚脚踝，用另一只手拿起右脚的鞋子；然后引导幼儿将右脚伸进鞋子里；最后为幼儿提上鞋子。教师以同样的方式为幼儿穿左脚的鞋子。若鞋子有鞋带，教师应为幼儿系上鞋带，并教幼儿系鞋带的方法。

幼儿穿好衣物后，主班教师单膝蹲下，按照从里至外、从上至下的顺序，依次检查幼儿的上衣、裤（裙）子、鞋子是否穿戴正确。若发现有穿错的情况，主班教师应请配班教师和保育员为幼儿调整。

三　为幼儿梳头发

当起床的幼儿达到总人数的 1/3 时，主班教师应组织幼儿到指定的地方开展安静的活动（如看书、玩手指游戏等），并轮流为幼儿梳头发。在为幼儿梳头发时，教师应选择梳齿圆润光滑的梳子和质量好的头绳，以防损伤幼儿的头发。

梳头发的具体方法如下：教师的一只手轻轻按住幼儿的头部，另一只手拿着梳子，从幼儿的发根轻柔地梳向发尾。若遇到打结的头发，教师应一只手握住距离打结处约 5 厘米的头发，另一只手拿着梳子慢慢地梳理打结处的头发，直到梳顺为止。

此外，教师在为女生梳头发时，可以根据幼儿头发的长短设计适合幼儿的发型。如果需要扎头绳，不可扎得太紧，头绳应距离幼儿发根 1 厘米左右。

指导、协助幼儿穿衣物的常用规范语

◉ 小朋友们，要先把上衣穿好，再穿裤子哟！

◉ 小朋友们，请检查一下自己的鞋子有没有穿反？

◉ ×××小朋友，别着急，慢慢穿，老师会陪着你的。

组织幼儿盥洗

主班教师给幼儿梳好头发后，应同配班教师和保育员一起组织幼儿排队前往盥洗间进行洗脸、漱口等盥洗活动。对于小班的幼儿，教师应帮助其洗脸，并向其示范漱口的方法；对于中大班的幼儿，教师应指导其自主洗脸、漱口。

做好起床后的工作

待所有幼儿起床收拾完毕后，配班教师和保育员需要整理床铺并打扫午休室，以确保午休室干净整洁。

 整理床铺

1. 叠被子

叠被子（见图7-8）的步骤及规范动作如下。

➢ 首先，教师用双手握住被子的长边，拎起并轻抖3下。

➢ 其次，教师将被子的里面朝上，把被子的两端（短边）分别沿被子的1/3处进行折叠。叠好后，教师将被子的外面朝上放置在床上，并整理被子，使其平整。

➢ 最后，教师把枕头放在被子上方的中间位置。

叠被子

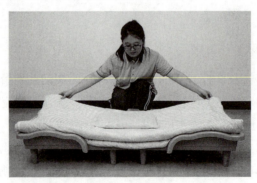

图7-8　叠被子

2. 抬床

配班教师与保育员按照前文所述步骤，将床抬至指定位置，并按照六张床为一组的方式摆起来。

 打扫午休室

整理完床铺后，保育员应对午休室进行打扫，具体包括扫地和拖地。保育员应确保午休室干净、卫生。

午休环节的随机教育

幼儿园一日生活皆教育，教师们应充分挖掘午休环节的教育内容，对幼儿进行随机教育。具体来说，午休环节的教育内容包括以下几个方面。

（1）自主教育。教师应引导幼儿自主穿脱衣物、整理床铺，以提升幼儿的基本生活技能，培养幼儿的生活自理能力。

（2）自理能力教育。午休期间，教师应告知幼儿不可嬉戏、打闹、在床上乱蹦乱跳等，以免磕伤或摔伤；告诫幼儿不要私自藏珠子、豆子等小物品，以防因误食而引发窒息。

（3）健康教育。睡觉时，教师应提醒幼儿盖好被子，以防受凉；提醒幼儿调整不当睡姿，以免对身体造成危害。

 ## 度过过渡环节

通常，在午休结束后至下午活动开始前会有一个过渡环节，主班教师和配班教师应采用多种方式让幼儿自然、快乐地度过过渡环节，以充沛的精力投入到下午的活动中去。两位教师可以安排以下几种过渡活动。

（1）教师可以为幼儿提供适量的饮用水和点心，帮助幼儿补充能量，为下午的活动做准备。

（2）教师可以安排适当的交流与分享活动，鼓励幼儿向同伴、教师分享他们的梦境或午休后的感受。

（3）教师可以采用有趣的方式向幼儿介绍下午的活动内容，以激发幼儿参与活动的兴趣。

（4）教师可以安排中大班的幼儿进行值日，帮助保育员整理床铺，让幼儿感受劳动的乐趣，从而培养幼儿的劳动意识。

模块四 案例聚焦——学思用相长

案例一： 口袋里的"小宝贝"

午睡时间到了，小二班的幼儿们像往常一样躺在自己的小床上，准备睡觉。半个小时后，大多数幼儿已经进入了梦乡。主班教师谢老师在巡视时，发现哲哲还未入睡，便走过去查看情况。哲哲告诉谢老师"下雨了"，谢老师望向窗外，发现天朗气清、艳阳高照，并没有下雨，便轻轻地抚摸着哲哲的头，告诉他没有下雨，让他安心午睡。过了一会儿，壮壮趁谢老师不注意，又向哲哲的床上扔了几粒黄豆，哲哲随即说道："老师，真的下雨了，而且下的是'黄豆雨'，不信你看。"谢老师立刻来到哲哲的身边，哲哲捡起床上的黄豆给谢老师。这时，旁边的壮壮咯咯地笑出声来，只见他双手紧握，躺在床上一动不动。

谢老师当即看出了"猫腻"，便让壮壮张开双手，果然发现了黄豆。谢老师惊讶地问道："壮壮，告诉老师这些黄豆是从哪里来的？"壮壮回答道："我从家里拿的，悄悄地放在衣服口袋里了。"谢老师听后，将壮壮衣服口袋里剩余的黄豆，以及散落到床上和地面上的黄豆清理干净，然后让幼儿们继续睡觉。事后，谢老师将壮壮的行为告知了壮壮家长，并说明了此行为有可能引发的严重后果，希望壮壮家长对壮壮进行正确的教育和引导。

教学分析：	教学反思：
幼儿常常因好奇而喜欢玩弄一些小物品，尤其喜欢把这些小物品放入嘴巴、耳朵、鼻子等部位进行探索，这种行为十分危险，极易对幼儿造成伤害。上述案例中，尽管教师在巡视时发现了壮壮私藏的黄豆，没有引发安全事件，但如果壮壮或其他幼儿将黄豆放入耳朵或鼻腔内，就有可能造成器官堵塞，后果不堪设想。当然，这一事件的发生与教师的工作失职有很大关系。如果教师认真对待午间检查工作，就会避免该事件的发生。	教师应严格按照幼儿园制定的午休环节工作流程开展各项工作，如在午休前对幼儿进行午间检查，在午休时巡视幼儿的睡眠情况，发现异常情况要及时处理，等等。同时，幼儿园应进一步完善午休环节的规章制度和教师工作流程，避免各种危险情况的发生。

案例二：午睡时的惊险一幕

一天午休时，大一班的茗茗在床上翻来覆去，难以入睡。保育员齐老师发现了茗茗的异常，立刻走到茗茗的床前查看情况。齐老师发现茗茗的小脸红彤彤的，便立即取来温度计为其测量体温。测量结果显示 38℃，齐老师先让茗茗喝了一些温水，然后立即告知了主班教师陈老师。陈老师随即上报并打电话通知了茗茗家长，然后和齐老师一起对茗茗进行物理降温，但茗茗的体温并未得到有效控制。

突然，茗茗双眼上翻，四肢僵硬并伴随抽动，口吐白沫……齐老师急切地说："不好，孩子惊厥了，立刻采取相应的紧急措施。"陈老师马上解开茗茗上衣的扣子，以确保其呼吸通畅；齐老师帮助茗茗保持侧卧姿势，以便排出异物；配班教师李老师则按压茗茗的人中，以保持其意识清醒。几分钟后，茗茗停止抽搐，意识也逐渐恢复。看到茗茗恢复了正常，三位老师松了一口气。陈老师给茗茗吃了退热药，随后让其躺下继续睡觉。

离园时，陈老师把这件事告诉了茗茗家长，并提醒茗茗家长回家后继续观察茗茗的身体情况。茗茗家长听后大发雷霆，对三位老师的处理方法提出了质疑，认为李老师掐人中的做法十分不专业，并表示惊厥是一种非常危险的急症，即使孩子当时恢复了正常，在没有退烧的情况下依旧存在危险，陈老师应在孩子停止惊厥后立即把孩子送到医院，并通知家长。

教学分析：

上述案例中，主班教师、配班教师和保育员既没有按照规范的操作流程和步骤开展急救工作，又缺乏应有的急救常识。尽管茗茗没有发生危险，但错误的急救方法暗藏着极大的风险，一旦出现问题，后果将不堪设想。

教学反思：

教师应规范每个环节的工作流程，明确操作规范，并在开展工作时严格遵守规范的操作流程和步骤。同时，教师应尽可能多地学习并掌握幼儿常见病症的急救措施，以避免各类安全事件的发生。

模块五　拓展训练——知信行合一

视频录制——午休环节情景演绎

一、训练目的

通过录制午休环节的模拟视频，演绎午休环节的全部流程，深入了解午休对幼儿成长与发展的重要性，熟练掌握午休环节的教师工作流程和操作规范，以便日后更好地为幼儿提供服务。

二、训练步骤

全班学生根据表 7-2 所列的步骤和相关内容完成此次训练活动。

表 7-2　拓展训练步骤表

步骤	内容
选取角色	全班学生以抽签的方式选择自己需要演绎的角色。角色包括主班教师、配班教师和保育员
学生分组	全班学生每三人一组，按照主班教师、配班教师和保育员三位教师为一组的原则进行分组，各组分别选出一位组长
设计脚本	各组讨论并设计演绎脚本，脚本应包括以下内容：① 午休前的准备工作；② 组织幼儿午休；③ 巡视幼儿的午睡情况；④ 组织幼儿起床；⑤ 起床后的整理和打扫工作；⑥ 午休环节遇到的突发情况（须重点设计，可以安排在各个环节中）
自由组队	各组重新组队，每三组为一队。一组扮演教师（具体角色分配以自己的抽签角色为准），另外两组分别扮演幼儿和家长（视教师组的脚本设计而定）。各组轮流扮演教师的角色，其他组配合教师组演绎其设计的脚本内容
录制与处理视频	从扮演幼儿和家长的成员中选择一位学生，负责录制教师组的表演视频。视频录制的要求如下：① 教师组的着装符合要求，且精神面貌良好；② 各角色的声音要洪亮、动作要流畅、行为要符合角色设定；③ 拍摄者要确保镜头平稳、画质清晰、画面亮度适宜 录制结束后，教师组的成员应及时观看视频，对于不满意的部分要重新拍摄。视频拍摄完成后，教师组对视频进行后期处理
成果展示	各组在课堂上轮流播放视频，其他小组注意观看，指出其中不规范的行为和值得学习的行为。各组成果展示完毕后，全班学生进行讨论
活动总结	各组将其他小组提出的不规范行为记录下来，并在日后的实践过程中予以改正。同时，各组也将其他小组值得学习的行为记录下来，以便在日后的实践过程中加以运用

模块六 综合评价——更上一层楼

本项目的学习已告一段落，请同学们按照表7-3中的评价项目和评价标准，以等级评定的方式对自己的学习情况进行评价，并请同伴（"拓展训练"活动中的组长）、教师对自己进行点评。等级评定标准如下："优秀"等级为五颗星，"良好"等级为四颗星，"有待提高"等级为三颗星。

表7-3　考核评价表

评价项目	评价标准	评价等级		
		自己评	同伴评	教师评
知识学习	能够流畅地陈述午休环节的全部流程，以及每位教师的分工情况			
	能够举例说明午休环节的教育要点			
	能够亲自示范教师指导、协助幼儿穿脱衣物的动作			
	能够举例说明教师在午休巡视时的要点			
	能够举例说明教师应如何处理午休时的突发情况			
	能够结合实例介绍教师应如何引导幼儿快乐地度过午休结束后的过渡环节			
技能掌握	能够独立分析"案例聚焦"中教师存在的不足之处，并提出科学的改进措施			
	在拓展训练中，能够结合所学知识设计情节合理、流程完善的午休情境			
	在拓展训练中，能够用行动表达自己对教师做好午休环节工作的深刻认识			
素质培养	具备较强的团队精神和协作能力			
	有责任心，热爱幼儿教育事业			

项目八

离园环节教师工作行为规范

离园环节是幼儿园一日活动中不可忽视的重要环节。在这一环节，教师能够系统地梳理自己的教学过程，反思当日工作中存在的不足，总结有效的工作方法，以提升自身的工作能力。

此外，离园环节也为家园共育提供了良好的机会。教师可以在此环节与家长沟通孩子的在园情况，并向家长传授家庭教育的方式方法。同时，教师还可以借此机会向家长展示自己的工作能力及责任心，以获得家长的信任，让家长放心地把孩子交给自己。

模块一　任务概览——事事有条理

离园环节流程图

第一步：做好离园准备工作　⇒
（1）组织幼儿如厕。
（2）准备离园物品。
（3）指导幼儿整理物品。
（4）开展离园检查。
（5）开展离园前活动。

第二步：组织幼儿和家长离园　⇒
（1）检查仪容仪表。
（2）组织幼儿排队。
（3）接待家长。
（4）疏导晚接幼儿的焦虑情绪。

第三步：做好离园后工作　⇒
（1）做好离园后的总结和准备工作。
（2）开展离园后的清洁和整理工作。

离园环节教育要点

1 引导幼儿积极配合离园检查，及时发现并妥善处理幼儿身体、着装等方面的异常情况。

2 鼓励幼儿自主选择离园前活动，培养幼儿的兴趣，充分发挥幼儿的特长。

3 指导幼儿独立整理个人物品，培养幼儿的自理能力。

4 引导幼儿主动与教师、其他幼儿告别，提高幼儿的文明礼仪素养。

5 告知幼儿离园后的安全事项，提高幼儿的安全意识。

模块二　任务准备——细心筹备足

组织幼儿如厕

在幼儿离园前，主班教师、配班教师和保育员要共同组织幼儿排队如厕。如厕的具体步骤及方法详见项目三。

准备离园物品

配班教师应将《幼儿一日情况记录表》、《离园签字表》、笔等物品有序地摆放在离园签字桌上，如图 8-1 所示。

指导幼儿整理物品

图 8-1　离园物品

在幼儿离园前，三位教师要分工完成清点幼儿的个人物品、引导幼儿归还公共物品两项工作。

幼儿的个人物品包括入园时自带的衣物、药品、毛巾、水杯等。教师要依次清点每位幼儿的个人物品，确保没有遗漏或遗失。清点完毕后，教师应引导幼儿自己把个人物品放进书包里，以培养幼儿的自理能力。

公共物品是指幼儿园各个活动区的物品，如阅读区的绘本、美术区的画笔、建构区的积木等。教师一方面要引导幼儿主动归还公共物品，以培养幼儿的规则意识；另一方面要引导幼儿区分个人物品和公共物品，以不断强化幼儿的自我意识。

开展离园检查

在幼儿离园前，教师要对幼儿的身体和着装进行检查，以确保幼儿离园时的状态良好。

一　身体检查

离园检查的要点

对幼儿进行身体检查时，教师应面向幼儿，并在距离幼儿约 10 厘米处单膝蹲下，然后用简单易懂的提示语引导幼儿配合检查。幼儿的身体检查主要包括面部检查、颈部检查、手部检查和体温检查四项。其中，面部、颈部和手部检查应重点查看幼儿的各部位是否有污迹、红疹、破皮、瘀青等，体温检查应重点查看幼儿有无发热情况。

如果发现幼儿的身体有异样，教师应立即处理，并及时在《幼儿一日情况记录表》中详细记录，以便在家长接幼儿时能够准确告知家长幼儿的情况。

二　着装检查

对幼儿进行着装检查时，教师应面向幼儿，并在距离幼儿约10厘米处单膝蹲下，如图 8-2 所示。

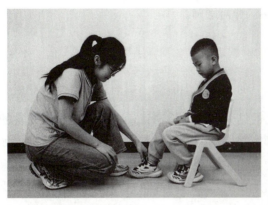
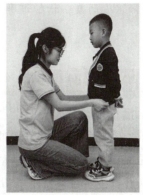

图 8-2　着装检查

幼儿的着装检查包括头发检查、衣裤（裙）检查和鞋袜检查 3 项，具体检查要求如表 8-1 所示。

表 8-1　幼儿着装检查的项目及要求

项目		检查要求
头发		干净整洁、无散乱
衣裤（裙）	上装检查	① 衣领平整，左右对称，无翻折或歪斜 ② 衣襟平整，左右对齐，无褶皱或歪斜 ③ 扣子紧实，无松动或脱落迹象，每粒扣子都在对应的扣眼里，无错位 ④ 拉链完全闭合，无半开、错位、卡住、损坏等迹象 ⑤ 干爽舒适，无潮湿现象 ⑥ 无破损
	下装检查	① 干净平整，无褶皱、穿反、翻折（裙子）现象 ② 按照检查上装的方式，检查幼儿裤（裙）子上的扣子、拉链等 ③ 干爽舒适，无潮湿现象 ④ 无破损
鞋袜		无潮湿、穿反、踩鞋跟等现象

离园准备工作中的常用规范语

- ×××老师，请准备好离园环节所需物品。
- ×××小朋友，伸出小手来，老师看看你的小手干净不干净。
- 小朋友们，如果身体不舒服就告诉老师，老师可以帮助你哦！
- ×××小朋友，老师看看你的鞋穿得对不对。
- ×××小朋友，请转过身去，背对老师。

开展离园前活动

离园前活动是幼儿园一日活动的结束部分，旨在让幼儿愉快地结束充实的一天。在幼儿离园前，主班教师和配班教师应组织幼儿开展丰富多彩的离园前活动，如分享类活动、回顾总结类活动、游戏类活动、自主活动等。在活动过程中，教师应注意幼儿的安全，防止幼儿发生争抢、打闹等情况。

此外，针对无法按时被接回家的幼儿（如双职工家庭的幼儿）和自愿参与课后活动的幼儿，幼儿园还会提供课后延时服务，如开设舞蹈课、绘画课等。在离园前活动结束后，教师应组织参与课后延时服务的幼儿进入相应的活动区，并与课后延时服务的教师做好交接工作。

一 组织幼儿开展离园前活动

（1）分享类活动：教师可以鼓励幼儿分享自己的玩具、绘本等物品，让幼儿体验分享的乐趣，同时提高自身的社会交往能力。

（2）回顾总结类活动：教师可以引导幼儿回顾在园一天的经历，并鼓励幼儿说一说自己当天的表现，以培养幼儿的语言表达能力。

（3）游戏类活动：教师可以组织幼儿开展讲故事、成语接龙等游戏，让幼儿愉快地结束在园的一天。

（4）自主活动：教师可以引导幼儿自主选择绘画、折纸、玩拼图、走迷宫、阅读绘本等活动，以满足幼儿的个性化需求。通过自主活动，教师能够了解幼儿的兴趣和能力，从而更好地因材施教。应注意的是，自主活动结束后，教师应提醒幼儿将活动材料归位。

二 组织个别幼儿参加课后延时服务

教师组织所有参加课后延时服务的幼儿排队，并清点幼儿人数。教师将幼儿送至指定教室，并与负责课后延时服务的教师进行交接。交接后，两位教师应在交接表上签字。

幼有善育

离园环节的随机教育

教育家陶行知先生曾指出，全部的课程包括全部的生活，一切课程都是生活，一切生活都是课程。在幼儿园一日活动中，每个环节都有着重要的作用，都蕴藏着无限的教育契机，都可以开展丰富的随机教育。教师在离园环节可以开展的随机教育包括以下几类。

（1）文明礼仪教育。在离园环节，教师应引导幼儿养成安静等待、有序活动的好习惯，同时要鼓励幼儿主动与教师、其他幼儿告别，做讲文明、懂礼貌的好孩子。

（2）自理能力教育。在离园环节，教师应根据幼儿的年龄特点，引导幼儿自主如厕、整理个人物品、主动归还公共物品等，以锻炼幼儿的自理能力。

（3）安全教育。在离园环节，教师应对幼儿进行交通安全教育和人身安全教育。在交通安全教育中，教师应为幼儿普及交通信号灯颜色的含义，教幼儿正确过马路的方法，以及培养幼儿乘坐交通工具的安全意识；在人身安全教育中，教师应培养幼儿的自我保护意识，如不轻易相信陌生人，遇到危险时大声呼救，等等。

模块三 任务实施——融会贯通学

教师分工

各司其职

主班教师	配班教师	保育员
● 接待家长。	● 配合主班教师做好离园接待工作。	● 开展清洁工作。
● 向家长说明幼儿在园的一日活动情况。	● 整理离园物品。	● 准备次日工作所需物品。
● 引导幼儿与教师、其他幼儿告别。	● 整理活动区物品。	
● 疏导晚接幼儿的焦虑情绪。	● 准备次日工作所需物品。	
● 总结当日的工作情况。		
● 做好次日的工作准备。		

组织幼儿和家长离园

通常，离园接待工作由主班教师和配班教师共同负责。两位教师应用规范的行为接待家长，同时要为幼儿营造一个快乐的离园氛围。离园接待的工作内容通常包括检查仪容仪表、组织幼儿排队、接待家长和疏导晚接幼儿的焦虑情绪等。

一 检查仪容仪表

在离园环节，教师应保持良好的精神状态，确保自身的仪容仪表符合相应的规范和要求。教师在离园环节的仪容仪表规范和要求与入园环节的一致。

二 组织幼儿排队

通常，幼儿园的离园时间是固定的，且有固定的离园信号，如歌曲、铃声、广播等。离园信号发出后，教师应引导幼儿结束离园前活动，并组织他们排队等待家长。

排队期间，教师一方面要维护好秩序，引导幼儿文明排队，如不推挤、不打闹、不私自离开队伍；另一方面要灵活运用多种方式安抚幼儿的情绪，避免幼儿在等待家长时感到焦虑。

三 接待家长

当家长到达幼儿园门口时，首先，教师应面带微笑地组织家长有序排队，并主动与家长问好。其次，教师应及时请家长刷卡验证身份，避免幼儿被陌生人接走；对于未持卡的家长，教师应详细地询问，并要求其在《离园签字表》上签字。接着，教师与家长简单地交流幼儿当日在园情况（包括学习、生活、交往等多个方面）。最后，教师向幼儿及其家长告别，同时引导幼儿主动向教师及其他幼儿告别。

此外，在主班教师接待家长、护送家长和幼儿离园的同时，配班教师要照顾好其他未离园的幼儿。

四 疏导晚接幼儿的焦虑情绪

对于晚接的幼儿，教师要主动亲近他们，让他们感受到教师的关心和呵护，以减轻他们的焦虑情绪。通常，教师可以采用以下方式疏导晚接幼儿的焦虑情绪：① 和幼儿聊当天的有趣经历，让幼儿回忆在园的快乐时光，从而缓解焦虑情绪；② 与幼儿一起做游戏，以转移幼儿的注意力；③ 拥抱幼儿，并用温柔的话语安慰他们，如"别担心，妈妈很快就来接你了"等。

离园接待时的常用规范语

- ×××妈妈/爸爸/爷爷/奶奶，下午好！
- ×××妈妈/爸爸/爷爷/奶奶，请您在《离园签字表》上签字！
- ×××小朋友，请背好自己的小书包！
- ×××妈妈/爸爸/爷爷/奶奶，再见！
- ×××小朋友，再见！

做好离园后工作

一 做好离园后的总结和准备工作

1. 总结当日的工作情况

离园接待工作结束后，主班教师应核对家长离园刷卡情况和签字情况，并对当日的工作情况进行总结，必要时应同配班教师和保育员进行交流。此外，对于有异常表现的幼儿，主班教师还应制订电访或家访计划。

2. 做好次日的工作准备

主班教师应提前做好次日的工作准备，如制订教学计划、准备活动所需物品等。如果需要配班教师和保育员准备活动物品，应及时告知他们。

二 开展离园后的清洁和整理工作

离园后的清洁工作主要由保育员负责。保育员不仅要打扫活动区，还要清洗幼儿的个人物品，如毛巾、水杯等。

离园后的整理工作主要由配班教师负责。配班教师应整理离园物品，同时要协助保育员整理活动区的物品。

教学笔记

> ### 怎样做好离园环节的细节管理
>
> 离园环节是家长了解幼儿在园情况，观察教师的专业能力和服务态度，评估幼儿园保教质量和园所管理的一个重要窗口。因此，教师应加强离园环节的细节管理，落实"快乐向上、安全有序"的离园工作原则。具体来说，教师可以围绕以下几个方面做好离园环节的细节管理。
>
> （1）展示。在离园环节，教师应做到以下几点：① 展现良好的精神风貌。教师应精神饱满、面带微笑地接待家长，以最佳的精神状态向家长展现专业、阳光、富有爱心的教师形象，让家长对教师产生信赖感。② 展示优质的服务。优质的服务主要体现在教师对幼儿无微不至的照顾上，如离园前提醒幼儿如厕，检查幼儿的身体状况，帮助幼儿整理好头发、衣裤（裙）、鞋袜，等等。③ 展示幼儿在园活动的精彩瞬间。教师可以在班级、走廊或家长园地展示幼儿的活动作品、活动照片等，让家长了解幼儿在园参加的各类活动。
>
> （2）沟通。在离园环节，教师应主动与家长沟通幼儿当日在园的情况，并主动询问幼儿的个人情况，进一步了解幼儿的喜好、习惯等，以便更好地开展个别教育。此外，教师还应主动向家长传授家庭教育的技巧和方法，以帮助幼儿巩固在园学习的知识和技能，并将其应用于日常生活中。
>
> （3）保障。幼儿离园前，多数家长会集中在同一时段到园。为做好安全保障工作，教师可以采取以下措施：① 在园门、楼门和班级门口张贴明显的进出标志，有序疏导家长，避免拥挤，以保证幼儿的安全；② 组织幼儿园的安保人员、管理人员、家委会成员等共同开展秩序维持、交通疏导等工作，为创建一个安全、有序的离园环境提供保障。

模块四 案例聚焦——学思用相长

案例一： 小小吹风机威力大

　　马上就要到离园时间了，小一班的主班教师苏老师正准备组织小朋友们如厕。这时，多多不小心尿湿了裤子。苏老师赶紧查看多多的书包里是否有可以替换的裤子，但是没有找到。苏老师只能用吹风机为多多吹干裤子。由于时间紧迫，苏老师没有要求多多脱掉裤子，而是将吹风机调至高温档位后，直接对着多多的裤子吹。

　　在离园时，苏老师并没有主动与多多家长沟通此事。晚上，多多家长在给多多洗澡时发现多多的大腿根部有轻度烫伤。多多家长询问多多后，得知离园时苏老师曾用吹风机为多多吹干裤子。多多家长怀疑是吹风机过热导致多多被烫伤。多多家长十分气愤，认为苏老师没有尽到照顾幼儿的责任，于是向园长投诉了苏老师，并要求幼儿园严肃处理此事。园长了解情况后，认为是苏老师未按照幼儿园规定的操作流程和方法使用吹风机，才导致多多被烫伤。对此，苏老师立即向多多家长承认了错误，并诚恳地道歉，请求多多家长的原谅。园领导也表示会承担多多的医疗费用，并向多多家长承诺会进一步规范教师工作流程，以确保此类事件不再发生。

<table>
<tr><td>

教学分析：

　　这是一起典型的因教师未按照规定的操作流程和方法开展工作而引发的安全事件。由于幼儿年龄较小，经常会出现尿裤子的情况，若教师不采取正确的方法进行处理，就可能会对幼儿造成不同程度的伤害。此外，在上述案例中，苏老师未在离园时对幼儿进行身体检查，未发现幼儿受伤，也是其失职的表现。

</td><td>

教学反思：

　　教师应吸取此次教训，严格遵守幼儿园的规章制度，以及各项工作的操作流程和规范。同时，教师应养成良好的工作习惯，掌握正确的工作方法，培养高度的责任感和使命感，以避免幼儿安全事件的发生。

</td></tr>
</table>

案例二： "放学了，我自己回家"

　　离园的音乐响起了，中三班的小朋友们格外兴奋，急切地等着主班教师蒋老师喊自己的名字。可是，小豌豆等了好久都没有听到蒋老师喊自己的名字。"这是怎么回事呢？爸爸妈妈为什么还没来？他们不要我了吗？"小豌豆越想越慌张，趁蒋老师和其他老师不注意，偷偷地从教室后门溜了出去。等到小豌豆妈妈来接孩子的时候，蒋老师才发现小豌豆不在教室，这可把大家吓坏了。

　　幼儿园的所有老师和小豌豆的家人立即分头寻找小豌豆。就在大家准备报警的时候，小豌豆妈妈接到邻居打来的电话，说小豌豆一个人坐在家门口哇哇大哭，身边也没有大人。小豌豆妈妈立刻赶回家，看到小豌豆安然无恙后，悬着的心才放下来。

教学分析：
这是一起典型的因教师对幼儿关注不够而引发的安全事件。在离园时，由于家长较多，且部分家长会向教师询问幼儿的情况，教师很容易忽略幼儿。此外，在离园环节，幼儿回家的意愿极为强烈，若家长未及时到园，幼儿就有可能产生焦虑情绪，做出独自离园的行为。因此，在离园环节，若教师不严格按照离园流程开展离园工作，不做好任务分工，就有可能导致幼儿走失等安全事件的发生。

教学反思：
教师应高度重视离园环节的工作，明确分工，并加强对幼儿的关注，以确保幼儿的人身安全。此外，教师还要采用多种方式对幼儿进行安全教育，告诉幼儿不能独自离开幼儿园。

模块五　拓展训练——知信行合一

手册制作——离园环节之我见

一、训练目的

通过制作离园环节工作手册，进一步明确离园流程，熟练掌握离园环节的行为规范，并充分挖掘离园环节的教育契机。

二、训练步骤

全班学生根据表 8-2 所列的步骤和相关内容完成此次训练活动。

表 8-2　拓展训练步骤表

步骤	内容
学生分组	全班学生每 4～5 人为一组，各组分别选出一位组长
讨论并确定内容	组长组织成员讨论并确定离园环节工作手册的具体内容。工作手册的具体内容应根据每位教师的工作职责和内容、工作要求和标准、优秀的工作方法等来确定
确定分工	各组成员共同商定工作手册的名称、结构、内容、版式设计风格等。组长根据成员的特长进行任务分工：① 内容编辑，主要负责工作手册中离园环节各流程的文字编写、校对等工作；② 美术编辑，主要负责工作手册的版式设计工作；③ 拍摄人员，主要负责工作手册的照片拍摄工作
制作手册	各组成员按照分工完成离园环节工作手册的制作。离园环节工作手册应满足以下要求：① 内容科学、全面、实用，要覆盖离园环节的全部流程，并明确离园准备、离园接待和离园清洁环节的教师行为规范；② 文字表述通俗易懂，且无错别字、无病句等；③ 版面设计精美，图文并茂，所有配图均由各组成员拍摄；④ 页数控制在 15 页以内（开本为小 32 开）
现场介绍	各组组长在课堂上介绍本组制作的工作手册。介绍时间控制在 8 分钟以内
评选展览	全班学生共同评选出具有参考价值的工作手册，并将其摆放在班级学习角进行展览

模块六 综合评价——更上一层楼

本项目的学习已告一段落，请同学们按照表 8-3 中的评价项目和评价标准，以等级评定的方式对自己的学习情况进行评价，并请同伴（"拓展训练"活动中的组长）、教师对自己进行点评。等级评定标准如下："优秀"等级为五颗星，"良好"等级为四颗星，"有待提高"等级为三颗星。

表 8-3　考核评价表

评价项目	评价标准	评价等级		
		自己评	同伴评	教师评
知识学习	能够完整阐述离园环节的全部流程，以及每位教师的分工情况			
	能够举例说明离园环节的教育要点			
	能够简要概括离园检查的内容			
	能够简要概括离园前活动的主要类型及其对幼儿的重要意义			
	能够举例说明离园接待工作的主要内容			
	能够简要阐述离园后的清洁、整理和总结工作			
技能掌握	能够独立分析"案例聚焦"中教师存在的不足之处，并提出科学的改进措施			
	在拓展训练中，能够设计出内容全面、流程完善的离园环节工作手册			
素质培养	具有较强的沟通能力			
	具有正确的育人理念			

参考文献

［1］焦艳. 幼儿园一日生活环节教师分工手册［M］. 北京：北京师范大学出版社，2017.

［2］杜素珍，付丽华，杨帆. 幼儿园一日生活环节的组织策略［M］. 长沙：湖南师范大学出版社，2022.

［3］陈秀莉. 幼儿园一日生活保育［M］. 北京：电子工业出版社，2023.

［4］李娟梅，许同昇. 看得懂，做得会［M］. 上海：华东师范大学出版社，2022.

［5］万若松，周隽琰，诸韫. 幼儿园一日生活66招［M］. 长春：东北师范大学出版社，2021.

［6］郝靖. 幼儿园一日生活［M］. 大连：大连出版社，2023.

［7］唐春秀，王敏. 幼儿园一日生活活动组织与实施［M］. 2版. 北京：高等教育出版社，2021.